삼국지
생존의 조건을 말하다

「SANKOKUSHI」 SAIKO NO READER WA DAREKA by Yoshihiro Watanabe
Copyright © 2010 Yoshihiro Watanabe
Korean translation copyright © 2011 by RANDOM HOUSE KOREA INC.
All rights reserved

Original Japanese language edition published by Diamond, Inc.
Korean translation rights arranged with Diamond, Inc.
through Eric Yang Agency, Inc.

이 책의 한국어판 저작권은 EYA(Eric Yang Agency)를 통해
Diamond사와 독점계약한 '랜덤하우스코리아㈜'에 있습니다.
저작권법에 의하여 한국 내에서 보호를 받는 저작물이므로 무단 전재와 복제를 금합니다.

영웅에게 배우는 생존과 극복의 지혜

삼국지
생존의 조건을 말하다

와타나베 요시히로 지음 | 성백희 옮김

랜덤하우스

들어가는 글

사람이 살아가는
모습으로 본 〈삼국지〉

《삼국지》는 중국의 3세기, 위魏 촉蜀 오吳 삼국(220~280)의 흥망을 진수陳壽, 서진의 역사가가 기록한 책이다. 이 기록을 바탕으로, 14세기 나관중이 정리했다고 전해지는 《삼국지연의三國志演義》가 탄생하였다.

이후로도 수많은 〈삼국지〉 소설이 쓰였고, 〈삼국지〉의 인물들은 깊이를 더했다. 그렇게 하여 생생한 현실감을 가진 삼국지의 인물들이 탄생한 것이다.

이 책은 원칙적으로 《삼국지》를 주된 자료로 삼아 역사 속 삼국 시대의 영웅들의 생존의 지혜를 담았다. 또한 《삼국지연의》에 나타난 그들의 모습과 어떻게 다른지 비교해가며 재미를 살리려 노력했다.

이 책의 주제는 '삼국지 최고의 리더는 누구인가'와 '생존의 지혜'이다. 그러나 그게 누구인지는 답하지 않는다. 최고의 리더상像은 그가 이끄는 집단이나 수행하는 업무의 목적에 따라 달라지기 때문이다. 그리고 그러한 영웅들의 모습을 통해 '난세를 살아가는 생존의 지혜'를 담았다.

예를 들어, 삼국 시대 때 군대의 최소 단위는 병사 5명으로 구성된 '오伍'였다. 오의 리더로 제갈량諸葛亮이 임명된다 해도 범용한 대장 이상의 역할은 불가능했을 것이다.

역사에서 봐도, 제갈량의 친구인 방통龐統이 유비의 명으로 처음 부임한 관직은 형주荊州 뇌양현耒陽縣의 현령 대리에 불과했다. 《삼국지연의》에는, 매일 술만 마시며 업무를 돌보지 않던 방통이 장비가 감찰하러 오자 밀려 있던 100일 분의 업무를 단숨에 처리하는 장면이 나온다. 또 《삼국지》에서는, 방통이 뇌양현의 현령 대리로 있다는 말을 들은 노숙魯肅이, '방통은 백리지재百里之才가 아닙니다'라며 유비에게 중용을 권한 서한을 전한다. 백리란 현이 지배하는 지역의 넓이를 말하며, '백리지재'란 현령에 맞는 재능을 가리킨다. 방통은 현에는 맞지 않는 리더였다.

노숙은 이어서 이렇게 썼다.

> 치중종사治中從事[1]나 별가종사別駕從事[2]의 직무를 맡아야 비로소 그 기족驥足, 하루에 천 리를 가는 뛰어난 말과 같은 준재의 재능을 펼칠 수 있을 것입니다.

당시 현縣 위에 군郡이, 군 위에 주州가 있었다. 치중종사와 별가종사는 바로 이 주의 인사와 행정을 통괄하는 관직으로, 주 속리屬吏의 우두

머리 격이다. 참고로, 유비가 지배한 익주益州는 현재 1억 4천만 명이 생활하는 사천성四川省에 해당하는 지역이다. 노숙은 방통을 일국一國에 해당할 정도로 넓은 지역의 장관에 어울리는 재능이라 평가한 것이다. 유비는 노숙의 서한에 따라 방통을 별가종사로 임명하고, 얼마 안 가 제갈량과 나란히 군사중랑장軍師中郎長으로 발탁했다.

이 책은 이처럼 다양한 장면과 그에 맞는 영웅들의 처세를 보여주면서 최고의 리더가 누구인지를 고민하기 위해 다음과 같은 방법을 따랐다.

각기 인물들은 군사, 무장, 군주에서 선정하였다. 또한 상황에 따라 각자 7가지 타입으로 분류, 적용하여 살펴보았다.

그 목적은 현대를 살아가는 직장인에게 소중한 교훈과 지침서가 되기를 희망했기 때문이다. 그들의 처세술과 성공전략이 현재 그대로 적용될 수는 없다. 하지만 각 분야에서 자긍심을 가지고 힘쓰고 있는 이들에게 앞길을 제시하는 역할은 충분할 것으로 본다.

마지막으로, 〈삼국지〉의 영웅들을 타입별로 나눠서 논하자고 제안했으며, 학자의 난해한 문장을 쉬운 글로 고치고, 주를 달고, 도판을 짜서 이 책을 완성시켜주신 DIAMOND 하버드 비즈니스 리뷰 편집부 '역학歷學' 프로젝트 팀의 에노모토 사치코榎元佐智子 씨와 후카가와 나쓰코深川夏子 씨께 깊은 감사의 인사를 전한다.

2010년 8월

와타나베 요시히로

| 차 례 |

들어가는 글
사람이 살아가는 모습으로 본 〈삼국지〉 ・4

| 1장 | 생존의 지혜, 성공에서 배우다

01 자신에게 맞는 리더를 선택하라 ・12
제갈량 – 능력을 최대한 발휘할 군주를 선택하다
감녕 – 조직을 옮겨 공을 세우다
곽가 – 자신의 의견이 틀렸다면 언제든 바꾼다

02 자기 PR의 중요성을 인식하라 ・34
미축 – 확고한 의지를 가지고 끝까지 투자하다
주태 – 리더를 이용한 PR로 존재감을 나타내다
하후돈 – 업무 수행 능력을 인정받다

03 성실과 책임감으로 지지를 얻어라 ・46
주유 – 어려울 때 손을 내밀어 군주의 지지를 획득하라
조인 – 법규를 준수하고 지시받은 일을 철저히 이행하다
조운 – 자신이 맡은 일은 결과까지 책임진다
순욱 – 자신의 지지 세력을 만들다

04 타인의 의심을 피해라 ・48
사마의 – 기회가 왔을 때 놓치지 않는다
두예 – 리더의 의심을 피하기 위해 자리에서 물러나다
채모 – 혼인을 통해 정권의 지주가 되다
제갈량 – 군주의 '난명'에 따르지 않고 초지일관하다

05 리더와 동료의 신뢰를 획득하라 ・92

　　장료 – 사적인 감정을 잊고 동료를 우군으로 만들다
　　노숙 – 강적을 상대하기 위해 동맹을 주장하다
　　정욱 – 일의 중요성에 따라 의논 상대를 선택한다

도움글 1 ・112
　　군사의 출신 계층 '명사'란 무엇인가

|2장| 생존의 지혜, 실패에서 배우다

01 감정의 표현을 자제하라 ・118

　　순욱 – 감정 변화를 숨기지 못해 자신을 지키지 못하다
　　공융 – 신뢰관계가 없는 리더의 잘못을 지적하다
　　장소 – 몸에 좋은 보약도 쓰기만 하면 먹지 않는다

02 좋지 않은 성격은 숨겨라 ・132

　　하후연 – 직위에 안 맞는 행동으로 빈틈을 보이다
　　장비 – 성격을 고치지 않아 변을 당하다
　　공손찬 – 상대를 얕잡아 보다 패하다

03 동료와 척을 지지 마라 ・148

　　관우 – 지나친 오만함에 동료가 등을 돌리다
　　여포 – 잦은 배신으로 의지할 곳을 잃다
　　마초 – 동료에 대한 불신으로 협력 관계가 무너지다
　　장합 – 협력 관계에 있는 동료의 시샘은 칼보다 무섭다

04 집착과 집중의 차이를 구분하라　　　　　　• 170
　　포신 – 능력 이상의 전력투구로 모든 것을 잃다
　　사마염 – 평가에 집착하다 스스로 무너지다

도움글 2　　　　　　　　　　　　　　　　　　• 182
　　당 태종과 위징에서 보는 군주의 도량과 간신의 자세

|3장| 생존의 지혜, 리더에게 배우다

01 성공에서 배우는 리더의 지혜　　　　　　• 188
　　조조 – 새로운 가치관을 만들고 능력을 우선시하다
　　유비 – 인정을 베풀어 충성을 얻다
　　손권 – 호족과의 화합으로 권력을 지탱하다
　　조비·조예 – 공적인 일에 사적인 관계를 배제시키다

02 실패에서 배우는 리더의 지혜　　　　　　• 223
　　동탁 – 지나친 강요는 반발을 산다
　　원소 – 과감한 결단력은 승패를 좌우한다
　　유선 – 확실한 자기주장으로 부하를 이끌어야 한다
　　손호 – 리더는 때를 기다리며 인내할 줄 알아야 한다

도움글 3　　　　　　　　　　　　　　　　　　• 246
　　군주학이란 무엇인가

　　주석　　　　　　　　　　　　　　　　　　　• 249

1장

생존의 지혜,
성공에서 배우다

01
자신에게 맞는 리더를 선택하라

제갈량

능력을 최대한 발휘할 군주를 선택하다

《삼국지》에 등장하는 군사軍師 중에서 군략가軍略家의 존재는 비전을 제시하고 장기적인 전략과 행동 계획을 세우는 사람들이었다. 당시 군략가의 존재유무는 정권 수립의 성패를 가를 정도였다. 그들은 국가의 명운을 쥔 가장 중요한 인재였다.

당연히 모든 군주는 이들을 휘하에 맞아들이고 싶어 했다. 그러나 군략가의 수 자체가 적었다. 게다가 그들의 언행은 이해하기 어려웠다. 앞에서도 언급했듯이 최고의 군략가는 눈앞의 이익이 아니라 장기적인 관점에서 시대의 흐름을 파악하고 그에 맞는 전략을 수립해야 했다. 따라서 그들의 책략은 그 효과가 당장 드러나지 않는다. 성급한 군주에게는 쓸모없는 사람들인 것이다. 이런 연유로 그들을 이해하기는커녕 좋은지 나쁜지 판단할 수 있는 인재조차 드물었다. 범용한 군주라면 이런 타입의 군사를 이해하여 제대로 부리기란 불가능하다.

군략가의 정의에 충실하게 판단했을 때, 촉蜀의 제갈량과 오吳의 노숙은 대표적인 군사라 할 수 있다. 만약 삼국 제일의 무력으로 이름을 떨쳤던 여포呂布에게 제갈량이나 노숙이 내놓은 전략의 유효성을 판단해보라고 했다면 절대 불가능했을 것이다. 반면 조조曹操는 그 자신이 전략가로서 비전을 가지고 있었다. 때문에 조조는 순욱荀彧이 지닌 군략가로서의 재능을 이해했으며 중용했다. 그러나 조조와 순욱이 각자 그리는 구상이 달랐다. 훗날 조조는 순욱에게 자살을 강요했다.

제갈량과 노숙은 그들이 속한 집단의 구세력에게 배척당했다. 특히 제갈량은 유비劉備의 최측근인 관우關羽와 장비張飛에게 환대받지 못했다. 유비는 '군신수어지교君臣水魚之交'3라는 비유를 써가면서까지 제갈량을 존중할 필요성을 역설하였다. 설득과 협박을 통해 유비는 구세력의 불만을 잠재워야 했다.

제갈량의 자는 공명孔明이며 서주 낭야 사람이다. 전란을 피해 형주 융중에 자리를 잡은 뒤 사람들에게 와룡臥龍으로 불렸다.

〈삼국지〉 소설 속에서의 제갈량은 신과 같은 활약을 보인다. 《삼국지연의》의 기본 모델이 된 이야기 중 하나인 《삼국지평화三國志平話》4에 묘사된 제갈량은 날씨를 조종하는 기술奇術을 쓴다. 사마의司馬懿는 그런 제갈량을 두고 '사람인지 귀신인지 신선인지 알 수 없다'라고 평한다. 이와 같은 제갈량의 묘사는 《삼국지연의》에도 그대로 계승된다. 제갈량은 다양한 병법으로 적을 쳐부순다. 뿐만 아니라, '기문둔갑奇門遁甲5'의 술법을 터득하여 '육정육갑六丁六甲6'의 신병神兵을 구사한다. 이처럼 인간의 모습을 넘어선 묘사는 사람들의 욕망이 투영된 것이다. 루쉰魯迅7은 이런 신격화를 비판하며 "제갈량을 마술사로 만들었다"고 평했다.

이렇게 제갈량이 신격화된 것에는 시대적 배경이 컸다. 후한後漢(23~220) 시대에 유교는 종교화되어 있었다. 당시 유교를 집대성한 정현鄭玄은 경전의 세밀한 해석과 유교의 신비성을 강조했다. 일례로 정현은 경전을 해석하면서 한漢을 건국한 유방劉邦을 적룡(중국 고대신화에 나오는 오제 중 하나인 불의 신의 정수)에 감응하여 태어났다고 주장한다. 이렇게 유방을 신격화하면서 한의 신성성은 대중에게 믿음이 되었다. 제갈량은 그런 믿음을 반영한 캐릭터로 소설 속에 자리 잡은 것이다.

그러나 역사 속 제갈량은 지극히 상식적인 사람이었다. 사람들이 놀랄 만한 기책奇策과는 거리가 멀었다. 참고로, 유교儒敎의 시조인 공자孔子 역시 철저한 상식인이었다. 예수나 붓다처럼 기적을 일으킨 일이 없다. 《논어論語》의 내용도 사람으로서 당연히 지켜야 할 도덕을 진지하고 간곡하게 전할 뿐이다.

제갈량은 이런 유교를 공부했고 그 사상을 따랐다. 《삼국지연의》에 등장하는 도술과 기문둔갑과는 거리가 먼 사람이다. 제갈량은 유교 중에서도 실천적이며 이성적인 형주학荊州學을 배웠다.

제갈량이 익힌 형주학은 신비주의적인 해석을 부정했다. 즉 현실에 실질적으로 도움이 되는 현실적인 유교였다. 당시의 난세에서 국가를 통치하는 사상으로서 중심을 잡을 수 있어야 했기 때문에 제갈량의 이러한 근간은 매우 상식적이면서 논리적이었다. 그는 유교 경전인 《춘추좌씨전春秋左氏傳》을 규범으로 삼아 정책을 펼쳤다.

제갈량은 후한이 쇠퇴하는 현실에서 한을 부흥시키고자 하는 목표를 세웠다. 그리고 촉한蜀漢 정식 국명은 계한季漢 계는 막내의 의미이 중국을 재통일하기 위한 기본방침을 제시한다. 바로 '초려대草廬對'8였다.

상식적인 전술 '초려대'

유비는 제갈량을 신하로 삼기 위해 융중隆中에 있는 그의 초옥을 삼고초려의 예를 다하며 찾아갔다. 마침내 서로 만나서 유비가 의견을 구하자, 이에 대한 답으로 제갈량은 기본방침을 제시한다. 이를 '초려대' 또는 '융중대隆中對'라고 한다. 여기서 '대對'란 대답이란 뜻이다. '초려대'는 '천하삼분지계天下三分之計'라고도 하는데, 이때의 '삼분三分'은 수단이지 목적이 아니다.

유비군 단독으로는 강대한 조조의 군에 맞설 수 없었다. 따라서 당장은 손권孫權과 동맹을 맺어서 천하를 삼분하는 것이 초려대 즉 천하삼분지계의 기본 골격이다. 후에 익주에서 장안長安을 공격하고, 유비

휘하의 유력한 무장으로 하여금 형주에서 낙양洛陽을 공격케 하여 조조를 멸한다는 책략이 다음 단계였다. 그 이후에 대해서는 언급하지 않았지만 분명 제갈량은 한나라의 부흥을 위해 손권을 칠 생각이 있었다. 즉 '초려대'의 목적은 한나라에 의한 천하통일이었다.

그런데 이 '한나라에 의한' 국가 재건은 당시 지식인들에게는 지극히 상식적인 생각이었다.

한나라는 한 차례 왕망王莽의 손에 무너졌었다. 왕망이 건국한 신新(8~23) 왕조는 전한前漢(기원전 202~기원후 8)을 무너뜨리고 세운 왕조였다.

그러자 한 황실의 일족인 광무제光武帝 유수劉秀는 한나라의 부흥을 주창하며 황하 북쪽에 거점을 만들어 장안과 낙양을 점거하였다. 후에 촉의 공손술公孫述을 멸하여 중국을 재통일하고 후한을 세웠다.

그리고 삼국 시대를 맞아 화북華北, 황하와 장강 사이를 흐르는 회하淮河 이북을 조조가, 장강 하류지역을 손권이 장악한 때였다. 이 상황에서 제3의 세력으로 천하통일을 노리려면 남은 형주와 익주를 제압하여(광무제의 공략 루트와는 정반대가 되지만) 장안과 낙양을 공략하는 수밖에 없었다.

굳이 평가하자면, '초려대'는 당시의 상식에 기초한 평범한 책략, 아무리 좋게 봐줘도 상식적인 전략에 지나지 않았다. 그럼에도 제갈량은 후세 사람들에게 존경을 받았다. 그 이유를 살펴보자.

제갈량이 후세에 높은 평가를 받은 세 가지 이유

❶ 주군일지라도 자신의 말을 따르게 만들다

유비가 제갈량의 초옥을 세 번 방문한 일은 유명하다. 그런데 유비가 처음부터 삼고의 예三顧之禮를 차리려 했던 것은 아니다.

유비를 섬기던 서서徐庶는 친구인 제갈량을 유비에게 천거했다. 당시 유비는 "그대가 데리고 오십시오"라고 했다. 서서는 "이 사람을 데려오는 일은 불가능합니다. 장군께서 직접 왕림하시어 만나 주십시오"라고 진언한다. 서서의 내심은 제갈량을, 나아가서는 자신들 지식인을 관우나 장비 이상으로 우대해주기를 바라는 마음이 컸다. 그래서 유비에게 삼고지례를 하도록 만들었던 것이다. 그 후 서서는 어머니가 위에 인질로 잡히는 바람에 어쩔 수 없이 조위曹魏의 신하가 되었다.

《삼국지연의》에서는 이야기의 이해를 쉽게 하기 위해 어머니가 보냈다는 거짓 편지를 받은 서서가 유비 곁을 떠나는 자신을 대신하여 제갈량을 추천하는 것으로 나온다. 그러나 실제 역사는 다르다. 서서가 조조의 신하가 된 시기는 장판성長坂城 싸움(207) 이후였다. 삼고초려 때 서서는 여전히 유비의 신하였다.

제갈량은 친구의 주군이 몸소 만나러 온다는데도 초옥을 비웠다. 게다가 유비가 세 번이나 다녀가게 했다. 이는 서서와 짜고 실행한 제갈량 일생일대의 전략이었다.

당시 삼고지례는 은퇴한 노학자를 재상으로 맞아들일 때 군주가 보이는 최고의 예였다. 최고의 예를 다한 이상, 주군일지라도 재상의 말은 존중해야 했다. 때문에 유비가 제갈량이 펼쳐 보이는 기본정책에 대해 "진부하고 상식적이다"라고 말할 수 없게 만든 것이다.

이후 유비와 유비군의 운명은 제갈량의 손에 좌우되고, 실제로 유비는 '초려대'라는 기본방침이 인도하는 대로 인생을 걸어가게 된다. 제갈량은 자신의 책략을 실현으로 이끄는 하나의 수단으로 먼저 자신의 입장을 확고히 만든 것이다.

❷ 민중의 신뢰를 얻다

그러나 '초려대'는 파탄에 이른다. 유비가 익주를 취한 뒤에 형주를 지키던 관우가 조조와 손권의 협공을 받아 형주를 빼앗겼기 때문이다. 익주에서 장안을 공격하려면 험하기로 유명한 파촉의 잔도(棧道)를 지나야 하기 때문에 어려움이 많다. 고난이 따르는 원정보다는 형주에서 낙양을 공격하는 쪽이 훨씬 쉽다. 그런 연유로 형주의 상실은 '초려대'에서 제시한 기본방침의 좌절을 의미했다.

그래도 제갈량은 '초려대'를 실현하기 위한 노력을 계속했다. 조조 정벌 즉 북벌을 준비하면서, 과거 촉의 장군이었다가 위에 투항한 맹달과 비밀리에 내통하며 그에게 형주에서 치고 들어가는 역할을 맡겼다. 결국 이 작전은 실패하지만, 그 뒤에 다시 자신의 북벌과 때를 같이 하여 동맹국인 오가 위를 공격해 들어가도록 안배했다.

어떤 고난이 따르더라도 당초의 기본방침을 관철시키려는 제갈량에게 사람들은 강한 신뢰를 보냈다. 정책에 흔들림이 없다는 점, 이것이 제갈량에 대한 평가가 높은 두 번째 이유다.

❸ 규범으로서 '한나라'의 중요성

유비의 아들인 유선劉禪에게는 군주의 자질이 없었다. 군주의 무능함까지 더해져서, 촉한이 주도하는 중국통일이라는 제갈량의 목표는 결국 실현되지 못했다. 제5차 북벌이 한창 진행되던 중, 위나라의 사마의가 펼친 지구전으로 고전하던 제갈량은 오장원五丈原에서 병사하며 파란만장했던 생애를 마친다.《삼국지》를 쓴 진수陳壽는〈제갈량전諸葛亮傳〉에서 "임기응변의 전술은 그의 장기가 아닌 듯하다"고 평하며 제갈량의 군사능력에 의문을 표시했다.

하지만 제갈량은 후세 사람들에게 줄곧 압도적으로 높은 평가를 받았다.《삼국지연의》에서는 신산귀모神算鬼謀의 군사로 묘사된다. 제갈량이 이렇게까지 지지를 받은 세 번째 이유는 그가 부흥시키고자 했던 한나라가 사람들에게 규범으로 인식되었기 때문이다.

한나라는 로마제국과 자주 비교된다. 거의 같은 시기에 존재했으며 비슷한 규모의 고대제국이라는 이유가 다는 아니다. '모든 길은 로마로 통한다'라는 말처럼 유럽 문화는 모두 로마를 원류源流로 한다. 마찬가지로 중국의 원형은 한나라에서 그 모습을 갖췄다. 한마디로 한나라와 로마는 각각 중국과 유럽의 '고전'이다. 따라서 한나라의 부흥에 모든 것을 건 제갈량은 중국의 '고전'을 지키려 한 명재상으로 자리매김 되었고, 역대 국가를 통해 최고의 평가를 받을 수 있었다.

특히 북방민족의 침입을 받아 남쪽으로 밀려 내려간 남송(1126~1279) 때의 평가는 최고조에 다다른다. 남송은 제갈량과 마찬가지로 '중원회복中原回復'9을 국시로 삼았다.

이 시대를 산 유학자 주자朱熹는 다음과 같은 말로 제갈량을 절찬했다.

> 유교의 이상으로 삼은 3대三代, 하夏, 은殷, 주周 이래로 의義로써 나라를 다스린 유일한 인물이다.

한나라를 규범으로 삼아, 그 질서의 회복을 가장 중시했던 남송에서 한나라의 부흥을 목표로 한 제갈량의 구상을 높이 평가한 것은 당연하다.

마찬가지로 이민족 쿠빌라이 칸에게 중원을 빼앗기고 그들의 지배를 받던 원나라(1271~1368) 때에도 제갈량의 평가는 높았다. 원말에서 명초에 이르는 시기에 원형이 갖춰진 《삼국지연의》에서 제갈량이 신산귀모의 만능 군사로 묘사된 이유는, 원 후기에 주자학朱子學, 주자가 집대성한 송대의 유학이 과거科擧의 기준이 되었기 때문이다.

감녕

■

조직을 옮겨 공을 세우다

 《손자》는 장수의 '오위五危, 5가지 위험한 행동'10 중 '첫째를 필사가살야必死可殺也, 필사적이 되어 무리한 짓을 저지르는 장수는 죽임을 당할 수 있다'라고 기술했다. 장수가 선봉에 서서 돌격만 한다면 확실히 전사할 확률이 높다. 그렇다면 장수는 겁쟁이인 편이 나을까? 《손자》가 말하는 장수의 '오위' 중 둘째는 '필생가로야必生可虜也, 반드시 살려고 하는 자는 포로가 될 수 있다'로 이어진다. 조조는 '필생必生'에 "(불리한) 전세를 보고 두려워하고 겁내어 나아가지 않는 것이다"라고 주注해석를 달았다. 장수가 겁쟁이여서야 말이 되지 않는다.

 '용장勇將'은 병력의 열세에도 적을 두려워하지 않는 용기로 군의 선두에 서서 싸움을 승리로 이끄는 장수이다. 단순하게 돌격만 반복하는 장수가 아니라 확고한 자신감을 바탕으로, 소수의 병사를 이끌면서도 두려움 없이 적과 맞서고, 건곤일척의 승부를 용기 하나로 수행하는 장수다.

이런 면에서 손오孫吳의 감녕甘寧과 촉한의 조운趙雲은 소수의 병력으로 조조의 간담을 서늘케 한 '용장'의 대표격인 장수이다.

감녕은 원래 강하江夏를 지키는 유표의 부하 황조黃祖에게 출사하였다. 형주를 공격하려 한 손권의 부하 능조凌操를 사살하는 공을 세웠으나 예우 받지 못했다. 그래서 손권에게 투항, 주유周瑜와 여몽呂蒙의 추천으로 손권에게서 구신舊臣과 같은 대우를 받았다.

이에 감명 받은 감녕은 손권의 원수이자 자신의 옛 주군인 황조의 토벌을 진언했고, 전군의 지휘를 맡아 황조를 격파하는 전공을 세운다(208).

적벽대전 중에는 오림烏林에서 조조와 맞서 싸워 무찔렀고, 남군에서는 조인을 쳤으나 공략하지는 못했다. 뒤에 노숙을 수행하여 관우에게 대항했으며, 관우는 감녕의 응수에 더 이상 도발하지 못했다.

한편 그러는 중에도 손권과 조조의 싸움은 계속되었다.

건안 18년(213), 조조는 유수구濡須口를 야습하지만 반격을 받아 대패했다.

건안 20년(215), 이번에는 손권이 조조의 한중漢中 원정을 틈타 10만의 병사로 합비合肥를 공격했다. 그러나 첫 전투에서 장료張遼의 기습을 받아 패배하고, 합비를 함락시키지 못한 채 퇴각하다가 다시 장료의 급습을 받는다. 손권은 생명이 위험한 지경에 처했으나 감녕 등의 분전으로 간신히 위기를 벗어났다.

건안 21년(216), 조조는 다시 유수구를 공격한다. 제1차 유수구 원정의 실패를 거울삼아, 이번에는 40만이라는 대군으로 만반의 태세를 갖추고 공격해 들어갔다. 이에 감녕은 제 밑의 용맹한 병사들 가운데 결사대 백여 명을 선발하여 조조의 본진을 야습했다. 조조의 진영을 대혼란에 빠뜨리자, 손권은 크게 기뻐하며 감녕을 추켜세웠다.

조조에게는 장료가 있지만 내게는 감녕이 있다.

이 싸움 직전에 감녕은 병사들을 질타격려하며 한 명 한 명에게 술을 따라주었다. 또한 평소부터 유능한 인물을 존중하고 병사들을 아꼈기에 모두 감녕을 위해 기꺼이 싸웠다고 한다.
'용장'의 용기는 무장 혼자서는 발휘할 수 없다. '용장'을 신뢰하여 목숨을 맡기는 병사가 있기에 소수의 군세로도 대군을 쫓아버릴 수 있었던 것이다.

곽가

자신의 의견이 틀렸다면 언제든 바꾼다

적국의 내부로 들어가 피해를 주는 책략을 모략이라고 한다. 모신謀
臣이란 모략으로 적을 분열시키고 전황에 따라서 임기응변의 전술을
구사하는 군사다.

제갈량이나 노숙 같은 군략가가 비전을 바탕으로 장기적인 전략이
나 행동계획을 세워놓고 시종 일관된 주장을 하는데 반해, 모신은 상
황에 따라 전술을 바꾸고 때로는 행동과 주장마저 바꾼다. 그런 연유
로 '주장에 모순이 있다'라며 주위의 신용을 받지 못한다. 자칫 잘못
하면 인격마저 의심받아 손해 보는 역할로 내몰리는 처지가 되기도
한다.

또 주위의 경계를 받는 경우가 많기 때문에 모신은 저절로 처세술
을 몸에 익히게 된다. 아니, 익히지 않을 수 없는 상황이라고 해야 옳

을 것이다. 내 몸을 지키기 위해 익힌 처세술이라고는 하나, 그 처세술 때문에 모신은 더욱 고립무원의 상황에 빠진다.

대표적으로 조조 휘하에서 탁월한 계책을 진언했던 곽가郭嘉나 가후賈詡, 유비의 한중 정벌에 기여한 법정法正이 이에 해당한다.

군주의 신뢰를 얻지 못한 모신은 거할 곳이 없다. 특히 〈삼국지〉의 조조는 의심과 질투가 많은 군주였다. 모신에게는 최악의 군주라 할 수 있다.

국가 기밀에 관여한 가후는 그 직무에 대한 비방과 중상모략을 염려하여 장수들과의 개인적인 교제를 일절 피했다. 또 앞으로 다루겠지만 정욱이 적벽대전 이후 은퇴를 표명한 것은 실로 교묘한 타이밍이었다.

조조는 적벽대전을 전후하여 군주권력을 강화한다. 적벽대전에 앞서서는 공융孔融을, 끝난 뒤에는 순욱을 죽였다. 조조는 이미 204년에 관도대전官渡大戰의 일등 공신이자 어릴 적 친구인 허유許攸[11]마저 죽인 이력을 가지고 있었다.

때문에 그런 조조와의 관계를 양호하게 유지한 곽가는 모신의 전형이다. 조조에 출사하기 전에 곽가는 허유, 순욱과 마찬가지로 원소袁紹의 수하로 있었다. 조조는 희지재戱志才와 책략을 상담했는데, 희지재가 죽자 순욱은 그를 대신할 모신으로 곽가를 추천했다. 조조는 첫 대면 자리에서 "나의 대업을 이루게 할 자는 이 남자다"라며 곽가를 높이 평가했다. 곽가 역시 "진정한 주군이다"라며 기뻐했다.

조조에게 출사한 곽가는 원소와 조조의 능력을 비교하며, 조조가 우세한 점 열 가지를 설명한다.

① 도道 법칙, 원소는 번거로운 예식이나 예절을 좋아하나, 공(조조)께서는 자연스러운 모습에 맡긴다.

② 의義 정의, 원소는 천자에게 거역하여 '역逆'이 되었으나, 공께서는 천자(헌제)를 모시어 '순順'을 행하고 있다.

③ 치治. 정치, 원소는 '관寬. 너그러운 정치'으로 쇠퇴한 후한을 다시 세우려 하나, 공께서는 '맹猛. 엄격한 정치'을 단행하고 있다.

④ 도度. 도량, 원소는 의심과 시기심이 강하나, 공께서는 인재를 신뢰하고 재능을 중시한다.

⑤ 모謀. 책모, 원소는 책모를 좋아할 뿐 결단하지 못하나, 공께서는 책략을 즉시 실행한다.

⑥ 덕德. 인덕, 원소는 겉으로만 꾸미나, 공께서는 성의를 다한다.

⑦ 인仁. 애정, 원소는 작은 일에 슬픔을 보이나, 공의 은혜는 천하 사람들에게 미친다.

⑧ 명明. 총명, 원소는 '참언讒言. 거짓으로 남을 헐뜯는 말'을 신뢰하나, 공께서는 '도의道義'로 다스리시어 참언을 받아들이지 않는다.

⑨ 문文. 법문, 원소는 선악의 판단을 명확히 하지 않으나, 공께서는 법에 따라 선악을 바로잡는다.

⑩ 무武군사, 원소는 군사를 모르나 공의 용병술은 마치 신과 같다.

이 장황한 인용문만 봐도 곽가가 얼마나 조조에게 반했는지 알 수 있다. ③, ⑨, ⑩처럼 조조의 특징을 정확하게 지적한 부분도 있는가 하면, 의심과 시기심이 강한 조조를 두고 ④처럼 평하며 치켜세운 면도 있다. 라이벌보다 월등하다고, 신하에게서 이 정도로 상찬하는 말을 듣고 기뻐하지 않을 군주는 없다. 곽가의 진심이 조조의 의심을 지워버렸다. 조조는 곽가만은 ④처럼 신뢰하고 재능을 중시했다.

원소가 공손찬公孫瓚의 영지를 원정할 때의 일이다. 곽가는 원소의 관심이 북으로 향해 있으니 배후에 대한 걱정 없이 여포를 토벌할 절호의 기회라고 조조에게 진언한다. 여포와의 싸움이 오래 지속되어 조조가 진퇴를 고민할 때도, 지금 쳐야 한다며 철군에 반대했다. 곽가의 책략에 따라 조조는 여포를 멸망시킬 수 있었다.

흥미로운 부분은 유비에 대한 대응이다. 유비가 일찍이 여포에게 쫓겨 조조에게 도망쳐 왔을 때 유비를 죽일 것을 진언한 자가 있었다.

유비에게는 영웅의 자질이 있습니다. 지금 처리해야 합니다.

이에 조조가 고민하자 곽가는 반대를 표하며 유비를 비호한다.

적에게 쫓겨 몸을 의탁하러 온 유비를 죽이면 현자를 죽였다고 비난

받을 것입니다. 그 같은 평판은 천하를 평정하는데 장애가 됩니다.

조조는 곽가의 진언에 찬동하여 유비를 예주목豫州牧으로 삼고 빈객賓客으로 맞아들였다. 그런데 유비를 만나본 곽가는 태도를 180도 바꿔서 정반대되는 주장을 한다.

유비는 남의 밑에 있을 사람이 아닙니다. 또한 관우와 장비는 만 명에 필적하는 무장입니다. 따라서 빨리 손을 쓰셔야 합니다.

모신의 진면목이 생생하게 드러나는 장면이다.

군략가인 노숙은 유비를 제3세력으로 육성한다는 기본방침을 정한 이상, 적벽대전 이후 유비가 그 틈을 노려 형주 남부를 점령했을 때도 '형주를 빌려준다'라는 책략을 내놓으며 유비를 지원했다. 태도가 시종 일관되었다.

반면 곽가는 유비를 돕자고 한 말을 너무나도 간단히 철회하고 그의 제거를 진언한다. 실제로 유비를 만나보니 위험인물이란 느낌을 받았으리라. 임기응변에 능한 모략가로서 곽가의 자질을 보여주는 일화다.

또 곽가의 정보 분석 능력이 얼마나 정확했는지를 보여주는 일화도 있다.

관도에서 원소와 대치하고 있을 때, 허許를 습격하려 한 손책孫策, 손권의형의 암살을 예견했다고 한다. 20세가 되기 전에 천하의 혼란을 내다본 곽가는, 이름과 경력을 숨긴 채 천하를 방랑하면서 영웅호걸들과 사귈 뿐 세상일에는 관여하지 않았다. 그래서 당시 대부분의 사람들은 곽가를 몰랐고, 견식 있는 사람 몇몇만이 곽가를 높이 평가했다고 한다. 손책의 암살 역시 아무런 근거 없이 예견한 것이 아니다. 곽가 자신이 수집한 정보를 분석해서 그 최후를 내다보았다.

곽가가 모신으로 활약하는 동안 제시한 가장 중요한 책략이, 원소의 사후에 하북을 평정한 작전이다.

200년에 벌어진 관도대전에서 원소를 격파한 조조는, 2년 뒤 원소가 죽자 아들인 원담袁譚과 원상袁尙에게 연승했다. 부하 장군들은 승세를 몰아 끝까지 그들을 공격하려 했지만, 곽가는 다음과 같이 진언한다.

원소는 두 사람을 아꼈지만 후사를 정하지는 않았습니다. 또 곽도郭圖와 봉기逢紀가 각각 그들의 모신으로 있으니 그들 사이에서 다툼이 생긴다면 반드시 갈라설 것입니다. 서둘러 공격한다면 그들은 서로를 구할 것입니다. 하지만 공격을 늦춘다면 그들 사이에 다툼이 일어날 것입니다. 남방의 형주로 향하여 유표를 정벌하는 척하면서 그들의 변화를 기다리는 편이 현명하다 할 수 있습니다. 그 뒤에 공격한다면 일거에 평정할 수 있습니다.

조조는 곽가의 계책을 받아들여 남정南征에 나선다. 얼마 뒤 곽가의 예상대로 원담과 원상은 기주冀州의 지배를 놓고 다퉜다. 그 결과 원담이 패하자, 조조는 이 틈을 타 기주를 평정할 수 있었다.

또 조조는 원상과 그를 돕는 이민족 오환까지 마저 정벌하려고 했다. 부하들 대부분은 유표가 유비를 보내어 조조가 없는 허를 습격하지 않을까 걱정했다. 실제로 유비는 유표에게 습격을 제안했다.

그러나 곽가는, "유표는 유비를 거둘 만한 재능이 없기 때문에 유비를 중히 쓰지 못합니다"라며 습격 가능성을 일축하고 오환 토벌을 위한 구체적인 책략을 진언한다.

> 군대는 신속함을 중시합니다. 치중輜重, 무기나 군량 등의 군수품을 남겨 두고 경장輕裝의 병사들을 더 빠른 속도로 진군시켜 오환의 의표를 찔러야 합니다.

조조는 곽가의 말에 따라 오환을 무찌르고 원상과 그 형 원희袁熙를 요동으로 쫓아버렸다.

원상과 원희는 요동으로 도망갔지만, 조조를 두려워한 공손씨가 그들의 목을 베어 조조에게 바친다. 그러나 곽가는 이때 이미 세상을 떠난 뒤였다. 38세라는 너무 이른 죽음이었다. 이에 조조는 탄식하며 곽가의 죽음을 애석해했다.

그대들은 모두 나와 동년배다. 오직 봉효奉孝, 곽가의 자만이 젊었다. 천하의 사업이 마무리되면 후사를 그에게 맡기려 했는데 젊어서 죽었다. 이것 또한 운명인가!

조조가 곽가를 아낀 연유가 여기에 있다. 곽가는 조조에게 '후생後生'이었다.《논어》〈자한편子罕篇〉에 나오는 '후생가외後生可畏'12는, 뒤에 오는 자는 앞으로 얼마나 향상되고 발전할지 모른다는 기대를 담은 말이다. 조조는 곽가의 미래를 촉망하여 후사를 맡기려 했던 것이다.

젊은 날의 곽가가 조조라는 군주에 반하고, 조조는 곽가라는 후생의 미래를 촉망한다. 이런 관계였기에, 유비를 만나자마자 자신의 말을 180도 뒤집는 모신이었으면서도 곽가는 변함없이 조조의 신뢰를 받을 수 있었다.

조조는 곽가의 책략으로 관도대전에서 원소를 격파한 뒤, 이후 건안 12년建安 12年(207)까지 7년의 시간을 들여 원씨의 세력을 일소하고 중원의 패자가 된다.

조조의 다음 목표는 중국통일이었다. 조조는 남방 진출을 위해 형주의 명사名士, 후한 말에서 삼국 시대까지의 시기를 살며 명성을 존립 기반으로 하는 지식인 채모와의 친분을 이용한다.

채모를 통해 유표의 차남 유종劉琮의 항복을 받아낸 조조는 형주의 중심지인 양양襄陽을 제압했고, 유비를 추격하는 한편 강동에 웅거한 손권에게 서한을 보내 귀순을 요구한다. 그러나 중국통일의 꿈은 깨진다. 적벽대전에서 조조는 오의 노장 황개黃蓋의 화공에 패퇴했기 때문이다.

패전 후 조조는, 적벽에서는 역병이 돌아 사망자가 많이 나왔기 때문에 철수했다고 거듭 말했다. 분명 조조에게 있어 천하의 운명을 결정짓는 싸움은 관도대전이었고, 적벽에서의 패전이 조조에게 준 타격은 그리 크지 않았다. 패전이었음에도 영토를 잃지 않았고, 양양을 중심으로 한 형주 북부도 그대로 남아 있었다. 그러나 적벽대전으로 중국통일이 좌절된 것 또한 명백한 사실이다.

적벽대전에서 조조가 한탄한 것은 단 하나, 1년 전 곽가의 죽음이었다.

곽봉효가 살아 있었더라면 내가 이런 일을 당하지는 않았을 텐데.
슬프구나 봉효여, 가슴 아프구나 봉효여, 애석하구나 봉효여.

곽가의 책략이 있었더라면 적벽에서의 패전을 피할 수 있었을 것이라는 뜻이다.

조조는 곽가의 너무 이른 죽음에 애도하는 마음을 금할 수 없었다고 한다.

02
자기 PR의 중요성을 인식하라

미축

확고한 의지를 가지고 끝까지 투자하다

고굉股肱이란, 문자 그대로 '고股. 다리'와 '굉肱. 팔'과 같은 신하 즉, 군주의 수족이 되어 일하는 존재를 말한다. 일찍부터 군주를 따르면서 경제와 정치 양면에서 군주를 보필하는 신하를 고굉지신이라 한다. 군주가 최초로 만난 지식인이 고굉지신股肱之臣이 되는 경우도 흔하다. 유비의 진영에서는 미축麋竺이, 조조의 신하 중에서는 포신鮑信과 포신 사후에 순욱이 이에 속한다. 반면에 오나라를 세운 손씨는, 그 기초를 닦은 손견孫堅, 손권의 아버지이 지식인에 기대지 않고 자신의 무력만으로 세력을 쌓았기 때문에 고굉지신이라 할 만한 이가 없다. 때문에 손견은 세력 거점을 갖지 못한 채 37세라는 젊은 나이로 전사한다.

유비는 전한 경제景帝의 아들인 중산정왕中山靖王 유승劉勝의 후손이었다. 그러나 출신과 달리 짚신을 삼고 돗자리를 팔아서 생활을 꾸린 하층민이었다. 환관宦官, 궁중에 일하는 거세된 남자의 양자이긴 하나 삼공의 우두머리인 태위太尉, 최고 군사책임자까지 오른 아버지를 둔 조조에 비해서는 물론, 약소 호족豪族, 대토지 소유자 출신 손견의 아들인 손권에 비해서도 세력이 뒤떨어지는 가문이었다.

함께 싸울 일족이 없었던 유비에게 가문의 빈자리를 메워준 존재가 관우와 장비였다. 진수가 지은《삼국지》에서는 이들 세 명의 관계를 '잘 때는 침대를 함께 썼으며 은애함이 마치 형제와 같았다'고 적었다. 나관중의《삼국지연의》에서는 도원결의로 형제가 된 관우와 장비가 유비집단의 강함을 지탱했다고 나온다.

유비가 거병했을 때, 기주 중산中山의 말 장수인 장세평張世平과 소쌍蘇雙은 큰돈을 내어 유비에게 군사를 모을 수 있게 했다. 그들은 유주幽州 탁군涿郡에 말 장사를 하러 와 있었는데, 탁군 출신의 유비와 장비는 그들의 경호원이었던 듯싶다. 그리고 관우는 소금상인을 경호했다. 관우의 출신지인 해현解縣은 해염解鹽으로 유명한 중국 최대의 소금 산지였다. 명대에 들어오면서 소금을 취급하는 산서상인山西商人들이 염지鹽池의 신으로 관우를 모시는데, 이것이 전국으로 퍼지면서 관제신앙關帝信仰13으로 뿌리를 내렸다.

유비의 경제적인 부분을 뒷받침하며 고굉지신이 된 미축 역시 이 시대를 대표하는 대상인이었다.

미축은 서주徐州 출신으로 서주목牧, 군사권을 지닌 주의 장관인 도겸陶謙의 초빙을 받아 별가종사로서 서주의 통치를 도왔다. 그러나 초평 4년初平 4年 (193), 조조(조조의 아버지는 도겸에 의해 죽었다)가 대군을 이끌고 공격해 오는 시점에 도겸은 병으로 쓰러졌다. 원군으로 와 있던 유비에게 서주를 넘기라는 도겸의 유언에 따라 미축은 유비를 서주로 불러들였다.

얼마 뒤 여포가 서주를 빼앗고 유비의 처자식을 포로로 잡자, 미축은 여동생을 유비에게 시집보내면서 노복 2천 명과 금은보화 등을 제공하여 유비의 경제적인 기반을 마련해 준다. 조조는 자산가인 미축을 연주兗州의 영군嬴郡 태수太守, 군의 행정관로 임명하여 유비로부터 떼어놓으려 했으나, 미축은 관직을 버리고 유비를 따라 각지를 전전했다.

미축은 사람을 통솔하는데 서툴렀기에 군을 지휘한 적이 없다. 그럼에도 유비는 익주를 평정하고 촉한 정권을 세운 뒤 미축을 안한장군安漢將軍으로 임명했다. 그 반위班位, 서열는 군사장군인 제갈량보다 위였다. 실무를 맡기지 않지만 제갈량보다도 상급으로 대우했던 것이다.

유비에게 끌려 막대한 부를 투자했으며, 조조의 유혹에도 넘어가지 않은 미축은 중요한 순간마다 유비에게 도움을 주면서 자신의 존재 가치를 입증하였다. 그로 인해 유비가 그에게 내린 상이나 총애는 비할 만한 사람이 없었다.

형주 공방 때 동생인 미방糜芳이 배반하여 손권에게 항복함으로써 관우를 패사시키는데 일조하자 미축은 스스로 죄를 청한다. 유비는 오히려 미축을 위로하고 처음처럼 정중하게 대우했다. 이를 부끄러워한 미축은 노여워하다가 병이 나 죽었다.

고굉지신으로서 미축은 경제적으로나 충심으로나 유비를 최대한 지지하였다. 그 공적은 유비에게 충분히 각인되었으며 보답도 받았다 할 수 있다.

후세에 전설로 남을 정도의 엄청난 재산을 유비에게 아낌없이 투자하고 누이동생(《삼국지연의》에서의 미부인, 자신의 소생이 아님에도 불구하고 아두阿斗를 지키기 위해 우물에 몸을 던진다)까지 시집보내는 등 지지를 아끼지 않은 미축. 그에 대한 과한 포상에 대해 다른 신하들도 언급할 수 없을 정도로 미축의 공은 유비 진영의 인물들에게 인정받고 있었다.

주태

■

리더를 이용한 PR로 존재감을 나타내다

싸움은 상황에 따라 시시각각 변한다. 마치 생물과 같다. 《손자》〈구변편九變篇〉에서 '군명유소불수君命有所不受, 주군의 명령이라도 받지 않을 수 있다'라고 했다. 따라서 군을 이끄는 장수에게는 전장에서의 상황에 따라 독단전행獨斷專行이 허용된다. 신속한 판단에 따라 임기응변으로 군을 움직이기 위해서다.

그러나 이는 주군에 대한 공격도 가능하게 만든다. 이런 사태가 가장 중요한 거점이나 측근에서 벌어진다면 주군의 생명이 위험할 수 있다. 그래서 '충장忠將'이 필요하다.

'충장'은 일의 선악이나 가부에 상관없이 오로지 주군만을 모시며, 주군의 명령을 완수하는 장수다. 주군은 '충장'에게 거점이나 가족, 그리고 자신의 생명을 지키게 한다. 주군에게 가장 신뢰받는 무장이다.

오의 군주 손권을 지키는데 전력을 다한 주태周泰와 조조의 후방에서 거점을 지키는데 주력한 하후돈夏候惇이야말로 《삼국지》의 대표적인 충장이라고 할 수 있다.

주태는 자가 유평幼平이며 손책이 아직 원술袁術 휘하에 의탁하고 있을 무렵, 장흠蔣欽과 함께 손책의 부하로 들어가 측근이 되어 별부사마가 되었다.

본래 신중한 성격이나 싸움에서는 용맹하여 자주 공을 세웠다. 손권은 그런 주태를 무척 마음에 들어 해서 형에게 부탁해 자신의 부하로 삼았다.

손책이 이민족을 토벌하러 나갔을 때, 후방의 성을 지키던 손권은 방심한 나머지 몇 배가 넘는 적병에 포위되어 목숨이 위태로웠다. 이때 주태가 직접 나서서 손권을 지켰고, 그의 활약 덕분에 적을 패주시킬 수 있었다.

그러나 이 싸움에서 주태는 몸에 열두 군데의 상처를 입고 의식불명의 중태에 빠진다. 오랜 시간이 지나서 간신히 회복하는데, 이 부분에서 《삼국지연의》는 명의 화타를 등장시켜 극적으로 소생시킨다.

'충장' 주태는 그 뒤에도 손권을 지키는 일을 우선했지만 환현을 치는데 참가하고, 강하의 황조 토벌에 참여하였으며, 적벽에서는 주유, 정보와 함께 조조에게 대항하였다. 남군 전투와 조조의 유수 공격에도 참전하는 등 많은 활약을 펼쳤다.

하지만 이때 주태의 지휘를 받던 주연朱然과 서성徐盛이, 주태를 무시하여 명령을 따르지 않은 일이 있었다.

그러자 손권은 일부러 주연을 연 자리에서 주태의 상의를 벗게 한 뒤 자신을 지키다가 생긴 여러 상흔의 유래를 설명케 했다. 이튿날 손권은 자신이 사용하는 산傘을 하사했다. 이후로 모두가 주태에게 복종했다고 한다.

군주를 지키는 데에만 무게를 두는 '충장'의 중요성을 군주는 인식할 수 있으나, 동료들한테서는 제대로 된 평가를 받기 어려운 법이다.

하후돈

■

업무 수행 능력을 인정받다

　하후돈은 조조가 거병했을 때부터 수행했는데, 주로 거점을 수호하는 직무를 맡았다.

　흥평 원년(194), 서주원정徐州遠征14을 나가 있던 조조에게 일생일대의 위기가 찾아온다. 여포가 거점인 연주를 공격해왔던 것이다.

　이때 하후돈은 연주 동군의 복양현濮陽縣에 주둔하며 거점을 수비하고 있었다. 여포가 연주로 침공해 들어오자 하후돈은 조조의 가족을 구출하기 위해 경장비만 갖춘 군세를 이끌고 견성鄄城으로 향했다. 그러나 운 나쁘게 도중에 여포의 군과 교전을 하게 되어 도망치듯 견성으로 들어갔다.

　여포는 하후돈이 자리를 비운 복양으로 입성하여 하후돈의 관리 하에 있던 군수물자를 빼앗는다. 또한 항복하는 척해서 하후돈을 붙잡은 뒤, 인질로 삼아 하후돈의 군이 가지고 있던 재화와 교환하려 했다. 여포는 조조의 거점뿐만 아니라 재산까지도 송두리째 빼앗으려 했던 것이다.

여포에게는 하후돈의 목보다도 그가 관리하던 재화의 가치가 더 컸다. 이로 보아 하후돈이 엄청난 물자와 재화를 관리하고 있었음을, 그리고 조조의 금고지기였음을 알 수 있다.

하지만 하후돈의 부하인 한호韓浩가 "국법으로 적도를 토벌하는 것이니 인질이 있다 해도 상관치 말고 적을 공격하라"라고 명령하자, 교섭을 하러 나온 여포의 부하들은 크게 놀라 하후돈을 석방했다.

그러나 연주의 대부분은 이미 여포의 지배하에 들어갔고, 조조에게 남은 거점은 견성과 범성范城, 동아성東阿城 등 셋에 불과했다. 이것을 끝까지 지켜낸 자는 순욱과 정욱, 그리고 군을 이끌던 하후돈이었다.

서주에서 돌아온 조조는 1년 남짓한 시간을 들여 간신히 연주를 탈환하지만, 그 싸움에서 하후돈은 왼쪽 눈을 잃었다. 그 후 하후돈은 군중에서 '맹하후盲夏候'라고 불렸다. 그 자신은 이를 싫어하여 거울을 볼 때마다 화를 내며 집어던졌다고 한다.

애꾸눈이 된 하후돈은 외모만 보면 '맹장'의 이미지가 강해진 까닭에 《삼국지연의》에서는 각지를 전전하며 선봉에 서지만, 실제 역사에서는 연주의 진류陳留 태수, 제음濟陰 태수로서 후방을 지키며 조조군에게 줄곧 군량을 보급했다. 후에 하남윤으로 전임되었다가 조조가 하북을 평정할 때에는 후방을 지켰다. 업현이 함락된 다음 복파장군으로 승진했으나 여전히 하남윤을 맡았고, 재량권이 인정되어 법령에 구애받지 않아도 되는 허락을 받았다.

《손자》〈작전편〉에서는 '10만의 병사를 천리 밖으로 출병시키면, 병거兵車와 무기의 보충, 군량의 보급, 사자의 접대비 등에 드는 모든 경비를 조달하는 데 하루에 1,000금의 비용이 든다'고 기술했다. 단순하게 환산할 수는 없으나, 10만의 병사는 백 명의 재산(한대漢代 중산층의 자산은 일인당 10금 정도였다고 한다)을 하루에 소비한다고 추측할 수 있다. 현재 화폐가치로 하루에 수백억 원의 비용을 쓰는 셈이다.

조조는 10만, 20만 규모의 병력을 이끌고 각지로 출진하거나 군대를 파견했다. 하후돈은 그 막대한 비용의 관리와 조달 그리고 수비를 맡았다.

가뭄이나 메뚜기로 농작물에 피해가 생기면 하후돈은 직접 흙을 나르고, 강을 막아 둑을 쌓고, 장교와 병사를 지휘하여 곡물을 심도록 지도했다.

낙양이나 허처럼 사방에서 공격해 들어올 수 있는 중원의 도시를 근거지로 삼으면서도 조조가 각지를 전전轉戰할 수 있었던 까닭은, 수비의 중심인 하후돈이 군을 이끌고 근거지를 지키는 데서만 그치지 않고 스스로 솔선하여 농업 지도를 행하는 등 군량의 확보를 위해 노력했기 때문이다.

조조는 하후돈을 군의 중진으로서 존중했을 뿐만 아니라, 외출할 때는 같은 수레에 타게 했으며, 침실에도 자유로이 출입할 수 있게 했다. 의심이 많아서 부하를 믿지 않았던 조조였지만, 하후돈에 대한 신뢰만큼은 흔들림이 없었다.

하후돈은 조조가 주력부대를 이끌고 전전하는 동안 근거지의 수비를 완수했다. 하후돈은 이 모든 것을 안심하고 맡길 수 있는 부하였다. 놀라운 공적 하나 없어 보이는 하후돈이 조조의 존중을 받았던 이유이다.

후에 조조가 위공魏公에 이어 위왕魏王 되었을 때 조조는 하후돈을 한 나라의 대장군으로 임명하려 하였다. 그러나 하후돈은 다른 장수들과 같이 위의 관호를 받기를 염원하였다. 조조와 마지막까지 함께 하고픈 하후돈의 열망이 담긴 요청이었다.

조씨에 대한 이러한 끝없는 충정을 보인 하후돈을 조조는 존중하지 않을 수 없었다. 조조가 죽고 조비가 왕위를 이어받자 대장군에 올랐으나 조조를 따르듯 몇 개월에 후에 세상을 떠났다. 죽는 순간까지도 조조에 대한 충성을 보인 것이다.

03
성실과 책임감으로 지지를 얻어라

주유

■

어려울 때 손을 내밀어 군주의 지지를 획득하다

장소張昭는 공융孔融과 함께《삼국지》의 대표적인 간언諫言하는 신하다. 그러나 공융과 장소는 서로 달랐다. 공융은 조조를 좋지 않게 보고 무의미에 가까운 간언을 올렸다. 반면에 장소는 오와 손권을 위해 옳다고 믿는 신념을 바탕으로 목숨 걸고 간언했다.

똑같이 목숨을 건 주유는 또 달랐다. 장소에게 군주와 백성을 생각하는 신념이 있었다면, 주유에게는 군주 자체가 신념이었다.

신하된 자는 한결같이 군주에게 충의를 다할 것을 요구받는다. 그러므로 신하라면 모두 충신忠臣이라 해도 맞을 것이다. 그러나 실제로 충신이라 불리는 자는 드물다.

'충신'이란 군주를 능가하는 명성을 지니면서도 군주를 위해 목숨을 바치는 신하를 말한다. 삼국 시대에서는 손권에 출사한 주유가, 그리고 삼국 시대는 물론이고 중국을 대표하는 충신으로는 제갈량이 있다. 무엇이 충신으로서의 그들을 부각시켰을까.

주유는 양주揚州 제일의 명문 출신이다. 종조부從祖父, 조부모의 형제인 주경周景과 종부從父 주충周忠은 후한의 최고 관직인 대위大尉, 삼공의 하나. 최고 군사책임자로 태위라고도 한다에 올랐다. 이 때문에 양주에서 주씨의 명성은 높았고, 주유는 이 명성을 기반으로 자신의 정책을 순조롭게 실현할 수 있었다.

오에서 주유가 '주랑周郞, 주씨 댁 도련님'으로 불린 일이나, 또 연주 중간에 악사가 음을 틀리면 주유가 돌아본다는 말이 있을 정도로 음악적 센스가 뛰어났던 점 등은 명문 주씨의 귀공자에게 어울리는 일화라 할 것이다. 진수의 《삼국지》에도 '자태와 용모가 뛰어났다용자단려容姿端麗'고 기록된 명문의 귀공자, 그것이 주유의 모습이었다.

손씨와의 만남은 주유가 어렸을 때로 거슬러 올라간다. 손책과 손권 형제의 아버지인 손견은 '황건黃巾의 난亂'15을 평정하고 동탁董卓과 싸우느라 화북을 전전했다. 그동안 손책과 손권은 주유의 고향인 노강군盧江郡 서현舒縣에서 생활했다. 주유는 자신과 같은 나이인 손책의 평판을 듣고 직접 손책을 찾아갔고, 그를 불러들여 돌봐주었다.

손씨는 강동 오군吳郡의 약소 호족 출신이었다. 오군에는 '오의 사성四姓'이라 불리는 육씨陸氏, 고씨顧氏, 주씨朱氏, 장씨張氏의 사대호족이 있었는데, 그들은 무력만으로 벼락출세한 손견에게 협력하지 않았다. 그 때문에 손견은 고향인 오군을 근거지를 삼지 못했고, 원술에게 경제적으로 의존할 수밖에 없었다. 이에 원술의 명령으로 손견이 유표를 공격하다가 전사한다. 결국 '오의 사성'이 협력하지 않아 기반을 확보하지 못했기 때문이었다.

손견의 사후 그의 집단은 원술에게 흡수되었다. 손책은 아버지의 구신舊臣인 여범呂範 등의 협력으로 수백 명의 병사를 이끌고 손견의 자리를 이어받았다. 그러나 그 대우는 원술의 사병이나 마찬가지였다.

손책은 태수 지위를 약속받고 구강군九江郡과 노강군을 공략했지만, 두 곳 태수의 지위는 원술의 직속 신하에게 돌아간다. 강동에 거점이 없다는 약점 때문에 원술에게 이용당한 것이다.

오의 사성은 손견과 손책 부자에게 비협조적이었지만, 주유는 손책이 원술에게서 독립하자 적극적으로 손책을 지원했다. '이세삼공' 가문인 노강의 주씨는 낙양 등에 고리故吏, 예전의 부하들이 산재해 있어, 그들에게서 남보다 한 발 앞서 정확한 정보를 얻을 수 있었다.

이 점이 주씨가 '오의 사성'과 다른 부분이었다. 황건의 난으로 후한이 붕괴의 길을 걷고 있다는 점, 사람들이 두려워한 동탁의 무력을 손견이 격파했다는 점, 또 앞으로 다가올 시대는 무력이 불가피하다는 점 등을 주씨는 파악하고 있었다. 때문에 주씨는 손견이 활약할 때부터 손씨를 높이 평가했다. 그런 이유로 손책에게 집을 마련해주며 생활을 돌봐주었다.

주유와 손책의 결합은 둘의 개인적인 우정뿐만 아니라 그 이상으로

이 같은 배경을 고려해야 한다.

양주에 명성 높은 주씨는, 가문의 힘을 유지하려면 무력을 지닌 신흥 세력 손씨와 결합하는 쪽이 이롭다고 보았다. 한편 무력만으로 세력을 얻은 손씨는, 양주에서 주씨가 지닌 명성이 자신의 패권을 확립하는 데 큰 역할을 하리라 보았다. 단양丹陽 태수였던 종부 주상의 힘을 빌려 주유가 손책을 위해 단양에서 군세와 배와 군량을 준비한 일화는, 양주에서 주씨가 지닌 지위와 명성에 손책이 의존하였음을 보여준다.

이 일 이후 주유는 손책의 맹우로서 강동 평정에 협력했다. 뛰어난 미모로 '강동이교江東二橋'라 칭송받은 교공橋公의 두 딸 중 언니 대교大橋를 손책이, 동생인 소교小橋를 주유가 아내로 맞아 동서지간이 되었을 뿐만 아니라, 주유의 딸은 손권의 태자인 손등孫登에게 시집가고 주유의 장자는 손권의 딸을 아내로 맞는 등, 주씨와 손씨는 몇 겹이나 되는 혼인관계를 맺어 결합을 공고히 했다.

손책이 사망하고 동생인 손권이 뒤를 잇자, 주유는 장사長史, 사무책임자인 장소와 함께 중호군中護軍, 주력 부대의 지휘관의 역할을 수행하며 손권을 보좌했다.

207년, 화북을 통일한 조조가 남하하자 형주의 유종이 항복했다. 이어서 유비를 격파한 조조는 손권에게도 항복을 요구한다. 장소 등의 항복론이 우세한 가운데 홀로 주전론을 편 노숙은, 번양翻陽에 사자로 가 있던 주유를 불러들이길 청한다.

주유는 한나라의 승상을 사칭하는 조조를 타도하고 손권이 한나라를 부흥시켜야 한다는 대의명분을 들고 나왔다. 그리고 직접 군사를 이끌고 황개의 화계火計라는 기책奇策을 써서 적벽에서 조조를 격파했다.

적벽에서 승리를 챙긴 주유는, 형주의 거점인 강릉江陵에서 조조가 남겨둔 조인曹仁과 격렬한 전투를 벌여 그를 쫓아낸다. 그 뒤 천하통일을 위한 첫걸음으로서 익주 침공을 준비하던 도중에 노숙에게 후사를 맡기고 사망한다. 서른여섯 해의 생애였다.

손권에게 주유는 둘도 없는 신하였다. 오의 사성과 사이가 나쁜 손씨가 강동을 지배하려면 양주를 대표하는 명가 출신인 주유가 필요했다. 장군호將軍號밖에 지니지 못한 손권을 신하들은 그리 존중하지 않았지만, 주유가 솔선해서 손권에게 경의를 표했기에 오에서는 군신간의 상하관계가 확립되었다고 한다.

이 일화로 양주에서 주씨와 손씨의 위치를 이해할 수 있다. 주유의 영향력과 지위가 높아서 주유가 손씨를 떠받치는 상황이었다. 충신의 '충忠'은 이 국면에서 가장 강하게 발휘된다. 주유가 손권을 무너뜨리고 군주의 자리에 올라도 오의 신하들은 주유를 따랐을 것이다. 주유가 그리 하지 않은 이유는 군주에게 '충'을 다했기 때문이다.

손권을 위해 목숨을 바친 무장은 많다. 그들 또한 충신이다. 그럼에도 주유가 오를 대표하는 충신으로 손꼽히는 까닭은, 군주를 능가하는 역량을 지녔으면서도 군주를 끝까지 뒷받침했기 때문이다. 이것이야말로 충신이라 불리기에 가장 어울리는 조건이다.

유선을 섬긴 제갈량 역시 언제라도 유선의 자리를 차지할 수 있었다. 유비는 유언에서, 유선이 보좌할 가치가 없다면 직접 즉위하라고 제갈량에게 명까지 내렸다. 그러나 제갈량은 유언을 따르지 않고 유선을 끝까지 보좌했다. 그래서 충신이라 불린다.

주유와 제갈량이 스스로 군주가 되려 하지 않은 이유는 군주와의 사이에 절대적인 신뢰관계가 있었기 때문이다. 그 신뢰관계는 육친의 호칭에 견주어 표현되는 경우가 많았다. 손권은 형 손책의 아랫동서인 주유를 '의형義兄'으로 공경했고, 유선은 승상인 제갈량을 '상부相父, 승상 아버지'라 불렀다.

주유나 제갈량이나, 형과 아버지라 부르며 따르는 군주를 배신할 수는 없었을 것이다. 이리하여 주유와 제갈량은 둘 다 강대한 적에게 거듭 도전하다가 전장에서 죽는다. 이 또한 후세 사람들이 충신이라 우러르는 이유다.

조인

■

법규를 준수하고 지시받은 일을 철저히 이행하다

《손자》의 유명한 말 중에 '지피지기 백전불태知彼知己 百戰不殆, 상대를 알고 나를 알면 몇 번을 싸워도 지지 않는다'**16**가 있다. 이 말은 문두에 '그러므로'가 붙어 있다. 앞에 피아의 무엇을 알아야 하는지에 대한 다섯 가지 항목의 설명이 있는데 이는 많이 알려지지 않았다.

① 정말로 싸울 필요가 있는가知可以戰與不可以戰者勝.

② 병력의 크고 작음에 따라 다른 방식으로 군대를 운용할 수 있는가識衆寡之用者勝.

③ 상하의 의사가 통일돼 있는가上下同欲者勝.

④ 싸울 준비가 돼 있는가以虞待不虞者勝.

⑤ 유능한 장수가 군주의 제약 없이 싸울 수 있는가將能而君不御者勝.

《손자》는 이 다섯 가지 판단이 승리로 가는 길이라고 말한다. 싸움이란 아무 때나 싸워도 되는 것이 아니며, 병사가 적다고 해서 싸울 수 없는 것도 아니다. 그리고 '명장名將'은, 모든 싸움의 국면에 정통하며, 특히 불리한 싸움에서도 지지 않을 대항수단을 가진 장수를 말한다.

이 기준으로 보았을 때, 삼국 시대의 명장으로 조인曹仁을 꼽을 수 있다. 그는 가장 적게 패했다. 주유나 관우에 포위되어 결국 성을 내주었을 때도 상당한 시간 동안 상대의 발을 묶어놓고 뼈아픈 피해를 입혀서, 전체국면에 손해를 끼치지 않을 만큼의 결과를 남겼다. 또 명장은 대패를 당하지 않기 때문에 장군으로 있는 기간이 길다. '부상 없는 말이 명마'[17]인 경우와 같다. '황건의 난'의 진압을 출발점으로 하여(184) 제갈량에게 죽을 때까지(231), 장합張郃은 무려 48년 동안이나 싸웠다.

이들은 삼국 시대를 대표하는 '명장'이라 할 수 있다.

조인은 조조의 사촌동생이다. 조조가 진류에서 거병한 이래 그의 밑으로 들어가 방면군[18] 사령관을 역임했다.

건안 13년(208), 화북을 제압한 조조는 유표의 죽음을 틈타 형주를 병합했지만, 적벽대전에서 주유에게 패했다. 그 직후 조인은 형주의 거점인 강릉에서 농성하며 승세를 몰아 쳐들어오는 주유와 싸웠다. 화약이 없던 시대에 공성전은 막대한 노력을 요하기 때문에, 《손자》는 공성군의 병력이 수성군의 열 배가 아니면 공성은 피해야 한다고 했다. 그러나 조조는 수성군의 두 배에 불과한 병력으로 하비에서 농성하던 여포를 수공으로 격파하기도 했다. 공성군의 수가 적다고 수성군이 수비에만 전념한다고 반드시 수성할 수 있는 것만은 아닌 듯하다. 수성군도 출격할 필요가 있다.

반격에 나선 부하 우금牛金이 수천의 적병에 포위되자 조인이 성에서 달려 나왔다. 직접 정예 수십 기를 이끌고 포위망을 뚫어 우금을 구출했는데, 그 활약을 본 사람들은 '하늘이 내린 사람'이라며 탄복했다. 부하를 버리지 않는 결단으로 성내의 사기를 유지한 조인은, 압도적인 병력으로 밀고 들어오는 주유와 일진일퇴의 공방을 거듭했다.

최종적으로 주유가 승리를 거뒀을 때는 이미 조조는 적벽에서 당한 패전의 피해를 회복한 다음이었고, 조인 역시 장강 유역에서 퇴각했다고는 하나 번성樊城을 거점으로 형주를 안정시키며 수비를 계속할 수 있었다. 조인은 강릉성 공방이라는 국지전에서는 패했지만 조씨가 재기할 시간을 벌어주었고 전체 국면에서는 '지지 않는' 싸움을 펼쳤다.

또한 유비가 유장을 무너뜨리고 익주를 지배한 뒤 한중으로 진격하자, 이에 호응하여 공안公安에서 관우가 번성으로 공격해 들어왔다(219). 때마침 내린 장맛비로 한수漢水가 범람하자, 관우는 이를 이용해서 원군으로 온 우금于禁의 칠군七軍을 수몰시켰다.

이런 상황 속에서도 조인은 수천의 인마로 번성을 사수했다. 성벽 중에서 수몰되지 않은 부분은 고작 몇 미터에 불과했기에, 관우는 배를 타고 대치하며 겹겹이 포위망을 쳐서 외부와의 교통을 차단했다. 그럼에도 조인은 직접 성내의 병사들을 격려하며, 성을 지키기 위해 필사적인 모습을 보임으로써 장수와 병사들을 감동시켰다. 이에 장병들은 한마음으로 뭉쳐 딴 마음을 품는 자가 없었다. 이윽고 원군으로 온 서황徐晃의 도움을 받아 번성은 해방되었다.

형주를 지켜낸 조인은 문제文帝, 조비의 즉위와 함께 거기장군車騎將軍, 도독형양익삼주제군사都督荊陽益三州諸軍事에 임명되어 오를 상대하는 방면군 사령관에 취임한다. 하후돈의 사후, 군부의 최고직인 대장군에 오른 다음에도 오의 진소陳邵를 격파하는 등 여전히 방면군 사령관으로도 활약을 계속하며 조위의 군사행동을 뒷받침했다.

본래 조인은 어렸을 때 행실이 방탕하였다. 하지만 성장한 뒤 '명장'이 된 비결은 조조의 군령을 항상 가까이 두고 일일이 확인하며 명령을 준수한 데 있다. 조조의 아들 조비는 북방 이민족인 오환 토벌을 위해 출정하는 동생 조창曹彰에게 '대장이 되어 군령을 준수함은 정남장군征南將軍, 조인과 같아야 한다'라는 편지를 써서 경계의 말을 남겼다.

조인은 군령을 준수함으로써 군사적 천재였던 사촌형 조조의 분신이 되었고, 지지 않는 싸움을 하는 '명장'으로 성장했다.

조인은 자신의 생각대로만 군을 이끌지 않았다. 모든 것을 군령에 의거했으며 법조문을 옆에 놓고 그것에 따라 일을 처리했다. 확실한 근거를 제시하여 공정하게 일을 처리하고 앞장서서 모범을 보이니 어느 누구도 불평불만을 가질 수 없었다. 조비가 황제가 된 이후 대장군에 이어 대사마로 승진하였으나 조인은 여전히 완성, 양양, 오강, 합비 등에 주둔하며 오의 도발을 방비하였다.

조운

자신이 맡은 일은 결과까지 책임진다

앞서 나온 감녕과 함께 《삼국지》를 대표하는 용장인 조운趙雲은 처음에는 공손찬에게 출사했다. 《삼국지연의》에서는 원소에게 먼저 출사했다가 그에게 실망하고 떠나다 공손찬의 위기를 보고 구해줌으로써 인연을 맺는 것으로 나온다. 이는 훗날 조운과 유비의 만남에 대한 복선이 된다.

역시 공손찬의 장수로서 원소와의 싸움에 나선 유비 밑에서 잠시 주기主騎, 기병대장가 되어 싸웠다. 이후에 조운은 유비와 다시 만나 그에게 출사했다.

《조운별전趙雲別傳》에서는 '유비와 같은 침대에서 잠들었다'라고 전한다. 관우와 장비에 필적하는 대우를 받았다는 뜻이다. 참고로, 민간전설 속 조운은 '백룡白龍'이란 이름의 백마를 탄다. '백마의종'을 편성한 공손찬군 출신인 조운에게 잘 어울리는 이야기다.

공손찬이 멸망한 후 유비를 섬기게 된 조운은 이후 유비의 곁에서 주태와 같은 호위대장의 역할을 맡으며 활약한다.

201년, 여남汝南에서 조조군에 대항한 유비가 패하자 그를 호위해 형주의 신야新野로 간다.《삼국지연의》에서는 신야에 머무는 기간 동안 서서를 얻은 유비가 번성의 조인을 공략할 때 조인의 팔문금쇄진을 돌파하여 공훈을 세우는 모습이 나온다.

207년, 조운은 조조의 침공을 피해 백성을 이끌고 강릉으로 남하하던 유비를 따르다 조조군 기병대의 급습을 받았다. 장비가 후미를 맡은 장판성 싸움이다. 조운은 단신으로 적진 한복판으로 뛰어들어 미처 도망 못 간 아두阿斗, 유선와 그의 생모인 감부인을 구출한 공으로 아문장군牙門將軍으로 승진한다. 이때만 해도 유비군에서 조운의 정식 신분은 주기였지 장군이 아니었다.

그래도 조운이 구름처럼 많은 조조의 대군 속에서 아두를 구출한 '용勇'은 높이 평가되어야 마땅하다.《삼국지연의》에서는 이 장면이 조운의 최대 클라이맥스로, 지금도 당양當陽에 가면 유선을 안은 조운의 동상이 도시 한가운데에 서 있다.

그 후 조운은 제갈량과 함께 촉으로 들어가 강양江陽에 당도하고, 성도成都를 포위하여 평정한 공적으로 익군장군翊軍將軍에 임명된다.

219년, 한중쟁탈전漢中爭奪戰에서는 조조의 선봉군을 격파했으나, 조조군은 다시 병사를 모으고 군세를 회복해 조운의 진영까지 추격해왔다. 그러자 조운은 문을 활짝 연 다음 깃발을 내리고 소리를 내지 말라고 명령했다. 조조군이 그 정적에 놀라 복병이 있는 것 아닌가 의심해서 물러가려 하자, 이때를 놓치지 않고 북을 울리며 진격을 명령, 노를 발사하는 한편 숨어 있던 병사들에게 조조군의 배후를 치게 했다. 《삼국지연의》에서 제갈량이 보여준 '공성계空城計'의 원조다. 기겁을 한 조조군은 한수漢水에 빠진 자도 많아 피해가 컸다.

다음날 유비는 직접 조운의 진영을 찾아와 전장을 시찰하며 칭찬을 아끼지 않았다.

자룡子龍, 조운의 자은 온몸이 담덩어리로구나일신시담一身是膽.

이후 군중에서는 '호위장군虎威將軍'이라 조운을 평하여 그의 '용'을 표현했다. 이 전투야말로 '용장' 조운을 대표하는 전투였다.

현대 중국에서 조운은 노장으로 묘사될 때가 많다. 조운이 이 뒤에도 제갈량을 도와 싸움을 계속했기 때문이다.

228년, 제갈량의 제1차 북벌 때 미끼가 되어 기곡箕谷으로 진출했는데, 이를 주력군으로 착각하여 대군을 이끌고 공격한 위군에게 패퇴한다. 그러나 스스로 후미를 맡아 군수물자를 거의 잃지 않았고, 질서정연하게 장병들을 퇴각시켰다.

제갈량은 조운이 군수물자인 견絹을 남겨두었기에 이를 장병들에게 나눠주라고 했다. 하지만 조운은 패전의 책임을 명백하게 밝혔다.

> 패전한 군대에게 어찌 하사품이 있을 수 있겠습니까. 물자는 모두 창고에 보관하였다가 겨울의 준비품으로 쓰십시오.

이에 제갈량은 크게 기뻐했다.

229년, 조운이 사망하자 유선은 순평후順平候라는 시호諡號, 죽은 뒤그 공덕을 찬양하여 추증하는 호와 함께, 어린 자신을 구한 장판성에서의 활약을 기려 '의義는 금석金石을 뚫는다義貫金石'라는 조칙을 내려 그의 생애를 칭송했다.

실제로 조운은 관우와 장비에 비해 이치에 맞는 행동을 했고, 성정이 후덕해 누구에게든 예를 갖췄기 때문에 모든 이들이 좋아했다. 또한 책임감 있는 태도로 유비뿐만 아니라 제갈량에게도 인정받았다.

순욱

■

자신의 지지 세력을 만들다

순욱이 조조 진영에 참가한 시기는 조조의 첫 번째 고굉지신인 포신이 황건적과의 전투에서 전사한 직후였고, 이때부터 조조의 두 번째 고굉지신으로서 활약한다. 조조와 순욱은 원래 서로 아는 사이였다. 조조는 당시 유명한 명사인 하옹(何顒**19**)의 지식인 집단인 하옹그룹**20**에 원소의 동생뻘로 있었고, 순욱 또한 그곳에 속해 있었다.

하옹그룹의 서열에 따라 순욱은 처음에는 조조가 아닌 원소를 섬겼다. 그런 그가 원소를 단념하고 조조 밑으로 들어간 일을 계기로 많은 지식인들이 조조 진영에 참가하게 된다.

포신이 조조의 군사적 기반을 확립한 고굉지신이었다면, 순욱은 조조의 정치적 기반을 쌓아올린 고굉지신이다. 삼국 시대에 정치적 기반을 형성하려면, 지역사회에 커다란 영향력을 행사하는 지식인들을 되도록 많이 정권에 참가시켜야 했다.

순씨 일족의 계보와 활약을 정리한 《순씨별전荀氏別傳》에는 순욱의 지식인 천거와 관련하여 이렇게 전한다.

> 순욱은 당시의 영재들만 천거했다. 자신의 출신지인 영천군潁川郡에서는 순유荀攸·종요鍾繇·진군陳羣을, 군 바깥에서는 사마의를, 또 당시 명성이 높았던 치려郗慮·화흠華歆·왕랑王朗·순열荀悅·두습杜襲·신비辛毗·조엄趙儼 같은 사람들을 초빙했다. 천거한 인물 가운데 대신大臣까지 오른 자만 십여 명에 이른다. 희지재나 곽가 같은 이는 세상을 등지고 살아가고 있었으며, 두기杜畿는 기품 있고 꾸밈이 없는 사람이었으나, 모두 지모에 뛰어난 자로 천거되어 결국에는 각자의 명성을 드높였다.

이렇게 해서 순욱은 조조의 정치적 기반을 확립시켰다. 동시에 이는 순욱의 영향 하에 있는 지식인들, 요즘 식으로 말하면 순욱의 파벌을 늘리는 처사이기도 했다. 순유, 진군, 종요, 희지재, 곽가, 신비, 순열, 두습, 조엄은 모두 영천 출신이다. 순욱을 중심으로 하는 이들 지식인 집단을 영천그룹이라고 부르기로 하자.[표-1 〈조조 정권하의 지식인〉 참조]

이에 더하여, '순욱의 천거로 정권에서 중용된 사람들'까지 범위를 넓힌다면 사마의와 치려, 화흠, 왕랑 등도 영천그룹에 넣을 수 있다. 순욱이 추천한 인재는 조조가 보기에도 능력이 출중한 이들이었다. 그래서 그들 모두에게 적절한 관직을 내렸다. 이리하여 순욱은 조조 정권에서 튼튼하게 입지를 굳히면서 탁월한 지위를 쌓아올렸다. 적벽대전 전까지 순욱은 조조 진영의 최고 참모이자 고문이었으며, 그의 진언은 무게가 있었다.

그렇게 자신의 파벌을 조직한 순욱은 고굉지신으로서의 역할을 다하면서, 군략가로서도 활약한다. 군략가는 집단의 기본방침, 예를 들면, 어떻게 정권의 정통성을 유지할 것인가와 같은 정권의 그랜드 디자인을 결정하는 역할을 한다. 유비 집단에서는 제갈량의 '천하삼분지계'가 이에 해당한다. 순욱이 조언한 헌제獻帝의 옹립은 조조 정권의 그랜드 디자인이 되었다.

후한은 유교일존儒敎一尊의 국가였다. 순욱 등 후한 말의 지식인들이 배운 유교는, 한국과 일본에 전해져 각각 조선 시대와 에도 시대에 번성한 성리학·주자학과는 내용이 다르다.

공자는 한나라의 출현을 예감하고 '성聖'스러운 한나라를 축복하며 《춘추春秋》를 지어서 그 통치 방법을 정했다고 한다. 그 성스러운 한나라가 위기를 맞았다. 한나라를 다시 세우기 위한 헌제의 옹립은 순욱에게는 당연한 일이었다.

그러나 원소는 군사 저수沮授의 헌제옹립안을 물리쳤다. 스스로 한나라를 대신하려 했기 때문이다. 황건적의 황색이 한나라의 화덕火德, 붉은색으로 상징된다을 대체할 토덕土德의 표현이라는 데서 알 수 있듯이, 한나라의 붕괴와 역성혁명易姓革命[21]을 상정하고 있던 자들도 많았다.

바로 그 이유 때문에 순욱은 원소를 버리고 한나라를 위하여 싸운 조조를 선택했다. 그리고 조조가 한나라를 부흥시키는 데 필요한 그랜드 디자인을 그려냈다.

조조에게는 순욱의 조언을 따르는 길 이외에는 선택의 여지가 없었다. 조조가 살해된 아버지의 복수를 위해 서주대학살을 저지르는 사이 여포가 조조의 세력 기반인 연주로 숨어들어와 반란을 일으켰는데, 당시는 이 반란을 간신히 평정하고 영천군의 허현許縣에 거점을 정한 직후였기 때문이다.

이리하여 헌제를 옹립한 조조는 다른 군웅들에게 천자의 이름으로 명령을 내리는 입장에 서게 되었다. 그 결과, 황건적을 비롯한 여러 세력이 다투던 하남에서 패권을 수립했고, 관도대전에서 열 배가 넘는 병력차를 극복하고 원소를 격파하였다. 그리고 207년까지 원씨의 잔존세력을 평정하여 화북을 통일했다.

원소라는 강대한 적이 있을 때 조조에게 순욱은 필요불가결한 존재였다. 그래서 순욱이 조조 밑으로 들어왔을 때, "나의 자방子房, 전한을 건국한 유방의 공신 장량의 자이로다"라며 존중했다.

순욱 역시 그에 화답했다. 관도대전에서는 후방 지원을 담당하는 한편, 철병까지 생각하는 조조를 격려하였다.

격려의 내용은 도량度量(원소는 부하의 마음을 의심하나 조조는 적재적소에 쓴다)과 모략謀略(원소는 우유부단하여 기회를 놓치나 조조는 결단력이 뛰어나다), 무략武略(원소의 군령은 전체에 미치지 못하나 조조는 신상필벌을 지킨다), 덕德(원소는 평판만을 신경 쓰나 조조는 검소하며 상을 아끼지 않는다)의 네 가지 점에서 원소보다 뛰어나다는 것이었다. 결국 천하의 패권을 결정짓는 싸움에서 조조가 승리를 거머쥘 수 있게 도왔다.

또한 남하를 서두르는 조조에게 간언하여 원소의 잔존세력을 멸하고 화북의 패권을 잡도록 했다.

실로 최고의 공을 세운 군사라 할 수 있다.

조조 정권하의 지식인 [표-1]

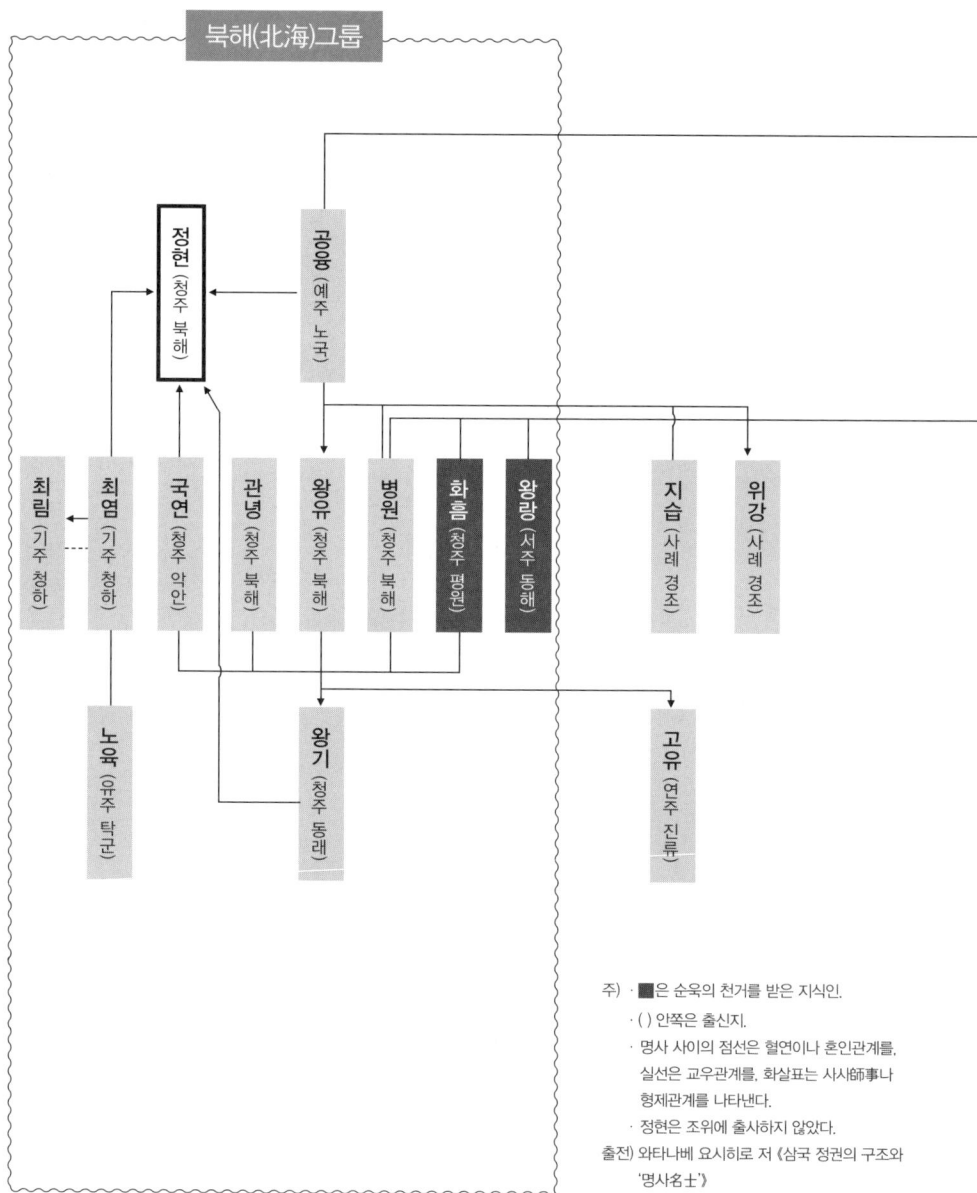

주) · ■은 순욱의 천거를 받은 지식인.
　　· ( ) 안쪽은 출신지.
　　· 명사 사이의 점선은 혈연이나 혼인관계를,
　　　실선은 교우관계를, 화살표는 사사(師事)나
　　　형제관계를 나타낸다.
　　· 정현은 조위에 출사하지 않았다.
출전) 와타나베 요시히로 저 《삼국 정권의 구조와
　　　'명사(名士)'》

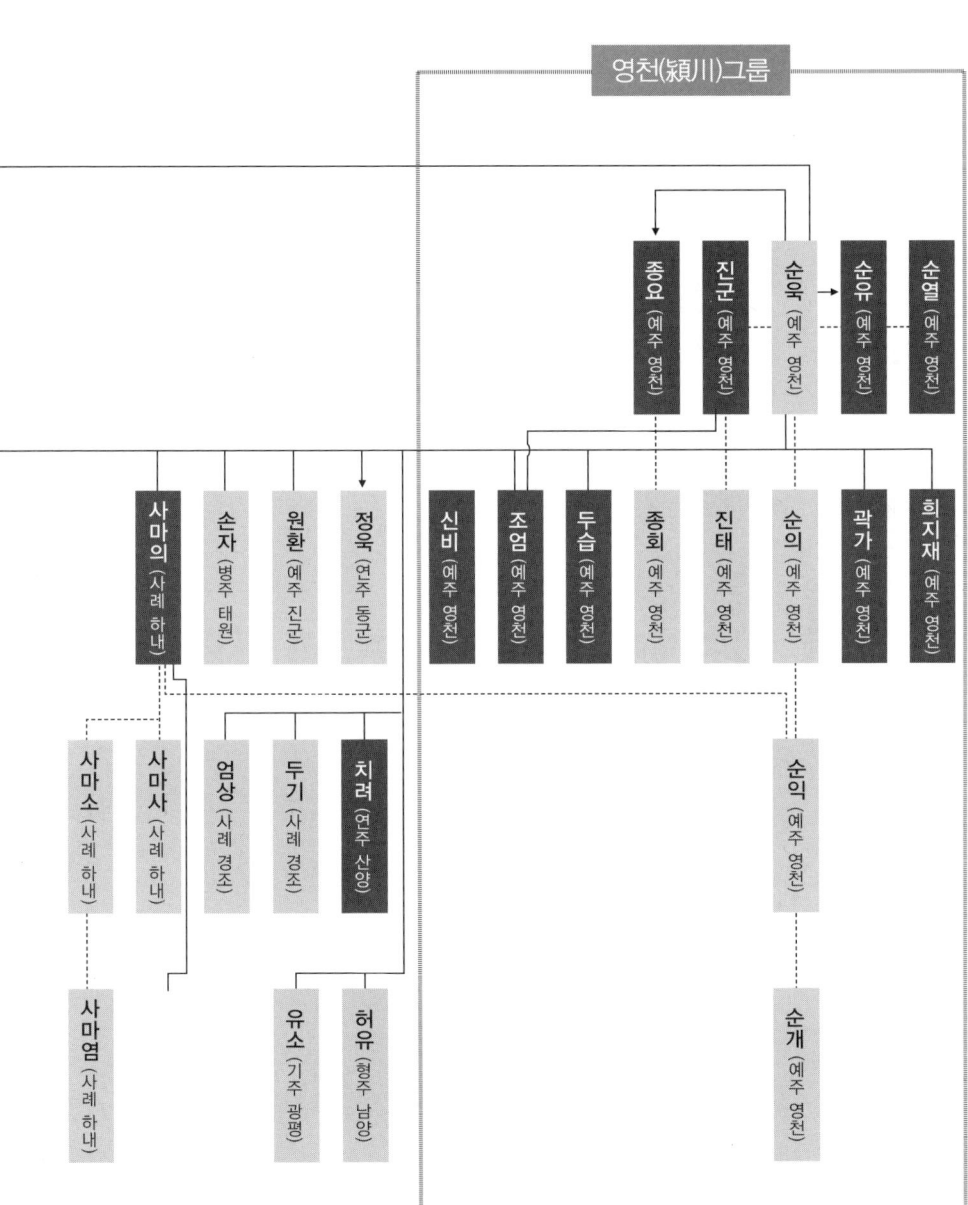

04
타인의 의심을 피해라

사마의

∎

기회가 왔을 때 놓치지 않는다

유비가 제갈량에게 한 유언(유선이 보좌할 가치가 없다면 직접 즉위하라고 제갈량에게 명을 내렸다)처럼 군주의 애매한 태도는 때로 반신叛臣을 낳는다.

반신이란, 군주를 섬기면서 자신의 권력을 확대해나가는 신하이다. 그 대표는 조조, 사마의司馬懿, 자는 중달仲達, 사마염司馬炎, 진晉의 건국자, 시호는 무제武帝이 아닐까.

반신은 군주가 가장 증오하는 신하며, 후세의 평가 역시 매우 낮다. 하지만 반신을 만드는 사람은 다름 아닌 군주 자신이다. 군주의 지위를 위협할 정도로 큰 권력을 맡긴 데 원인이 있다.

군주는 신하를 쓸지 안 쓸지 확실히 해야 한다. 쓰기로 했으면 의심하지 말며, 의심할 바에는 쓰지 않는다. 이것이 위에 선 자의 태도일 것이다. 그런 의미에서 순욱을 의심하여 살해한 조조는 군주로서 뛰어난 자다.

조조의 인재등용술이 훌륭한 이유는 유재주의唯才主義를 채용했다는 데 있다. 조조는 천성적으로 의심이 깊은 사람이었지만 적이라 해도 재능이 뛰어난 자를 아꼈고, 그들의 재능을 활용함으로써 사람에 대한 의심을 불식시켰다. 실제로 과거의 적이었던 장료張遼, 장합, 곽가 등은 조조 밑에서 마음껏 재능을 펼쳤다. 《삼국지연의》에서 조조가 반신이라는 악역을 맡으면서도 주인공으로 묘사된 이유가 여기에 있다.

이에 반해, 같은 반신인 사마씨에 대한 역사서의 기술은 신랄하다. 《삼국지》를 잇는 정사로 《진서晉書》가 있다. 이는 한중일 삼국에서 그다지 읽히지 않는다. 진을 건국한 사마씨가 반신으로서 권력을 장악해가는 피비린내 나는 역사를 기술한 것으로 사람들이 싫어하기 때문으로 보인다.

사마씨 융성의 기반을 닦은 사마의지만, 처음부터 높은 지위에 있었던 것은 아니다. 조조는 사마의를 의심하여 그를 중용하지 않았다.

조비가 위를 건국하자, 사마의는 '사우四友, 심복 부하를 의미하며 사마의, 진군, 오질吳質, 주삭朱鑠을 가리킨다'의 일인으로 요직에 오른다. 그러나 무군대장군撫軍大將軍인 그에게 통솔이 허용된 병력은 고작 5천 명에 불과했다. 문제는 그를 쓰기로 마음먹었지만 그에게 준 병력이 너무나 적었다. 이때 사마의에게 병력을 맡기지 않은 점은 군주로서 높이 평가할 만하다.

그러나 사마의를 반신으로 만든 사람은 문제가 아니다. 그 책임은 조예曹叡, 명제明帝, 조비의 아들에게 있다.

문제의 뒤를 이어 즉위한 명제의 시대, 태화 원년太和 元年(227)에 제갈량이 북벌을 개시하자 명제는 사마의에게 도독형예이주제군사都督荊豫二州諸軍事의 직위를 내리는데, 사마의는 이때 처음으로 방면군 사령관이 되어, 제갈량에 호응해서 반란을 일으킨 익주의 신성新城 태수 맹달孟達의 목을 베었다.

태화 4년(230)에는 대장군 및 대도독이 되어 조진曹眞과 함께 촉을 침공했다가 패퇴했으나, 다음 해 제갈량이 천수군天水郡으로 침입하자 장안에 주둔해 도독옹량이주제군사都督擁梁二州諸軍事가 된다. 명제는 '그대 말고는 맡길 자가 없다'라며 사마의에게 제갈량과의 싸움을 일임했다. 조조가 살아 있을 때만 해도 조씨와 준종실準宗室인 하후씨가 거의 독점하던 군사권이 사마의에게 넘어간 것이다. 이때부터 조씨의 군주권력은 쇠퇴하기 시작한다.

청룡 2년青龍 2年(234), '제갈량은 손오에 거병을 재촉하는 한편 4월에 10만의 군사를 이끌고 포사도를 통해 오장원으로 진격한다. 제5차 북벌이다.

오장원에서 촉한군에 맞서 사마의는 국성國城부터 위수의 남안南岸에 걸쳐 배수의 진을 쳤다. 신중한 사마의가 무리해서 위수를 건넌 이유는, 남안의 식량저장고를 지키고 사기를 고양시키기 위해서였다.

5월에 형주와 합비를 공격하던 손오군이 패퇴하여 초조해하는 제갈량을 상대로 사마의는 지구전으로 맞선다. 제갈량이 다양한 책략으로 출진을 도발하지만 끄덕도 하지 않고 방어에만 전념한다. 제갈량이 여성용 머리장식과 옷을 보내어 싸울 용기가 없음을 비웃어도 사마의는 꿈쩍하지 않았다. 오히려 사자에게 제갈량의 근황을 물어, 침식을 잊고 일을 하며 조금만 먹는다는 대답을 듣고 그의 최후가 멀지 않았음을 짐작한다.

8월, 제갈량은 오장원 위로 떨어지는 별과 함께 병사한다. 촉한군이 퇴각한 뒤 제갈량의 진영을 살펴본 사마의는 "천하의 기재로구나!" 하고 감탄했다.

사마의는 대체로 제갈량과의 싸움에서 촉한의 군량이 떨어지기를 기다리는 지구전을 펼쳤다. 맹달을 이용한 양동작전이 수포로 돌아가자, 제갈량에게는 산을 넘어 익주 쪽에서 치고 올라가는 길밖에 남지 않은 탓에 군량 보급이 원활치 않아 지구전은 불리했다. 촉한의 약점을 간파한 훌륭한 전략이었다.

오장원에서 강대한 외적을 타도한 뒤, 사마의는 나라 안에서 더욱 많은 지략을 펼쳐보이게 된다.

'토사구팽兎死狗烹'[22]이라 했다. 한신도 인용한 범려范蠡[23]의 말을 떠올리지 않더라도, 강대한 군사력을 장악한 사마의는 명제에게 위협이었다. 역시나 명제로부터 요동의 공손연公孫淵을 토벌하라는 명령이 떨어졌다.

요동은 멀다. 사마의가 원정으로 자리를 비운 사이, 수도 낙양의 정국이 어떻게 변화할지 아무도 모른다. 그러자 제갈량을 상대로는 그렇게까지 지구전에 집착했던 사마의가, 이번에는 신속하게 공격했다. 남부 요수遼隧에서 진을 치고 기다리던 공손연의 허를 찔러, 북쪽의 본거지인 양평襄平으로 단숨에 들이쳐서 공손씨를 멸망시켰다.

승리 후 의기양양하게 개선하는 사마의에게 중대한 소식이 도착한다. 명제가 위독하다는 내용이었다. 임종에 맞춰 돌아온 사마의에게 명제는 조상曹爽, 조진의 아들과 함께 후사를 돌보라고 유언한다. 이때 사마의의 나이 61세였다.

결론적으로 말해 사마의는 오장원 전투에서 제갈량을 막아낸 뒤 권력을 장악한다. 이 부분에 대해서는 명제가 동정 받아 마땅한 구석이 있다.

첫째로, 일족의 중진인 조진만으로는 제갈량의 진공을 막을 수 없었다는 점이다. 제갈량의 북벌에 대항하려면 사마의의 힘이 필요했다. 따라서 사마의의 권한을 강화시켜줄 필요가 있었다. 둘째로, 강적이 제거되어 군주권력을 강화할 틈도 없이 뜻밖에도 명제가 일찍 죽었다는 점이다.

유능한 인재의 부족은 명제의 불행이었다. 그렇다하더라도 명제는 군주로서 실격이라고 말하지 않을 수 없다. 왜냐하면 사마의를 의심했으면서도 임종 직전에 사마의를 중용하라고 유언했기 때문이다.

당초 명제는 아직 어린 조방曹芳, 조예의 양자의 보좌역으로 연왕 조우燕王曹宇, 조조의 아들이자 조비의 이복동생를 필두로 하는 조씨 황실 일족을 지명했다. 사흘 뒤, 명제는 제갈량과 대치하던 병력을 이끌고 요동의 공손씨를 원정한 사마의의 무력에 두려움을 느낀다. 하지만 명제는, 조우에게 앙심을 품은 측근 유방劉放과 손자孫資의 말만 듣고 조우를 파면했다. 대신 보좌로 지명한 사람이 사마의와 조상이다.

왜 의심을 품은 사마의를 지명했을까. 의심이 들었다면 보좌로 삼지 말았어야 했다. 게다가 의심하고 있다는 사실을 사마의 본인에게 들켜 버렸다. 조조의 손자답지 않았다.

비틀린 감정으로 가득 찬 군주의 명령을 받고 사마의는 반신으로 기울기 시작한다. 그런 그를 더욱 몰아붙인 사람이 조상이다.

명제의 유언에 따라 유제幼帝 조방을 보좌한 조상은, 명제의 의심까지 계승하여 군주권력을 능가할 정도로 커진 사마의의 실권을 빼앗으려 했다. 먼저 추종자인 하안何晏, 하후현夏候玄들을 행정의 중심인 상서尙書 계통에 앉히고, 사마의를 태부太傅, 어린 황제의 후견인 역24로 추대하는 술수를 써서 모든 권력을 자신에게 독점시켰다.

이러한 조상의 술수에 묵묵히 따르던 사마의는 기회가 오자 놓치지 않고 무혈 쿠데타로 단 하루 만에 정권을 탈취한다.

사마의는 조용히 은퇴를 한 것처럼 꾸미고는 명사의 기득권을 지키는 정책인 주대중정州大中正 제도25를 이용하여 자연스럽게 유교를 존중하는 명사를 자파로 끌어들이는 등 세력을 결집해 때가 오기만을 기다렸다. 이때 사마씨를 지지한 자들 중에는 후한의 대유大儒 노식盧植의 아들인 노육盧毓,《공자가어孔子家語》를 저술한 왕숙王肅 등 유교를 문화의 중심에 두는 명사들이 다수를 점했다.

그리고 마침내 조상이 촉 공격에 대한 실패를 어물쩍 넘어가려고 전제정치를 강화하자, 기회가 왔음을 느낀 사마의는 조방이 명제의 능에 갈 때 조상 일파가 수행하는 것을 틈타 명사들의 협력을 얻어 쿠데타를 일으켜 모든 것을 장악했다. 이것이 바로 정시정변(249)이다.

물론 사마의에 대한 저항이 전혀 없었던 것은 아니다. 왕릉王淩의 난이 그 중 하나다. 조표曹彪, 조조의 아들를 옹립해서 황제인 조방과 사마의를 죽이려 했다는 죄명으로 왕릉을 살해한 사마의는, 조위의 종실을 업鄴에 모아 감시하고 외부와의 통행을 차단하여 위의 조정을 완전히 제압했다. 손자인 사마염이 서진을 건국하는 데 필요한 기반은 이렇게 해서 갖춰졌다.

사마의가 죽자 장남인 사마사司馬師가 그 지위를 계승하여 세력 확장에 더욱 박차를 가한다. 사마사는, 조상 정권의 중심이었으면서도 살아남은 하후현을 제거하기 위해, 종실과 인척관계인 명문집안 출신 이풍李豊을 함정에 빠뜨린 뒤, 하후현과 함께 처형한다. 또한 조예가 죽은 뒤 음모를 꾸몄다는 이유로 조방을 폐위한다.

이때 수춘壽春에 주둔하고 있던 진동장군鎭東將軍 관구검毌丘儉이 군사를 일으킨다. 일찍이 조상에게 후대 받은 문흠文欽도 가세했다. 사마사는 직접 군을 이끌고 이들을 평정했으나, 병이 악화되어 진중陣中에서 사망한다.

새로운 황제 조모曹髦,조비의손자는 사마사의 동생 사마소司馬昭를 군에서 떼어놓으려 했다. 의심스러운 자는 쓰지 않는다. 과연 조조의 자손다웠다.

그러나 사마소는 황제의 명령을 무시하고 낙양으로 귀환한 후 황제를 위협하여 형의 지위를 계승했다. 그의 전횡에 반항한 사람이 제갈탄諸葛誕이다. 오의 원조로 군사를 일으킨 제갈탄이었으나, 사마소에게 평정된다.

구석에 몰린 조모는 스스로 검을 빼들고 사마소가 있는 대장군부大將軍府를 노렸다. 중국 역사상 보기 드문 황제의 '반란'이었다(반란이란 본래 황제에 반하는 일). 사마소의 부하 가충賈充은 황제를 앞에 두고 주저하는 병사들에게, "사마 공이 너희를 키운 것은 오늘을 위해서다"라는 말로 독려하여 조모를 살해토록 했다.

조모의 이 같은 행동에 대한 평가는 극과 극으로 나뉜다. 조씨 천하의 멸망을 결정지은 자살행위였다고 비난하는 쪽도 있지만, 정시정변으로 이미 승패가 가려진 데다가, 반신 사마소가 권세를 휘두르는 가운데 즉위한 조모가 할 수 있는 일은 한정돼 있었다는 동정론도 많다.

반신에 대비하려면, 조조가 순욱을 살해했듯이 조기에 반신의 싹을 잘라버리는 결단이 중요하다. 그러려면 부하에 관한 정보를 대량으로 수집해서 상세하게 분석한 뒤 동향을 고민해야 한다. 군주로서 어려운 결단이다. 조모는 이것이 불가능했다.

반면에 사마의는 국가의 위난을 막은 공훈에도 불구하고 자신에게 불리한 상황이 되자 자제하며 때를 기다렸다. 조상의 감시가 느슨해질 때까지 조용히 지내다가 단 한 번의 기회에 모든 것을 차지한 것이다.

비록 반신, 반역자로서의 이름을 남긴 사마의와 사마씨 가문이지만 '정시정변'은 큰일을 도모할 때 성급하게 서두르지 말고, 기회를 기다려 놓치지 않도록 철저한 준비가 필요함을 보여준다.

두예

■

리더의 의심을 피하기 위해
자리에서 물러나다

《손자》는 '병법은 궤도詭道, 전쟁은 상대의 허를 찌르는 것을 본질로 한다.'[26]라고 갈파한다. 적에게 이기려면 정정당당한 정도正道만으로는 부족하며, 적을 기만해야 한다. 따라서 장수는 '능우사졸지이목 사지무지能愚士卒之耳目 使之無知, 병사의 이목을 속여서 작전 방침이나 계획 변경을 알지 못하게 한다'[27]할 필요가 있다. 이를 위해 '지智'를 사용하는데, 남을 속이기 위한 '지'가 반드시 정당한 수법이라고는 할 수 없다.

'지장智將'은 직접 무력을 휘두르는 일은 없지만, 병법에 정통하여 지략을 다해 군을 지휘하는 장수다. 그러나 그의 지략은 남을 속이려는 목적으로도 쓰이기에, 압도적인 적을 무너뜨린 뒤 그 칼끝이 같은 편을 향하는 경우도 있다.

앞서 나온 제갈량과 사력을 다해 싸우고, 그 뒤 조위의 실권을 장악한 사마의는 전형적인 '지장'이다. 사마의의 손자 사마염 밑에서 손오를 멸망시킨 두예杜預 또한 '무고武庫, 무엇이든 다 있다는 비유'라 불린 '지장'이었으나, 사마염에 가로막힌 그의 지략은 학문으로 방향을 틀었다.

두예는 당나라 시인 두보杜甫의 선조다. 한학에서 두예는 특별한 위치를 차지한다. 그 이유는 유교 경전 중 하나인 《춘추좌씨전》에 주를 달아 《춘추》에서 주공周公[28]이 말한 '50가지 범례(범례라는 말의 어원)'를 밝혔기 때문이다.

'지장' 두예는 무장으로서도 일류였다.

손오정벌을 위해서 양호羊祜는 형주 내에 공격 거점을 마련하여 기초를 닦아놓았는데, 두예가 이를 이어받아 내실을 다졌고, 서진의 무장으로서 주력군을 이끌고 손오를 멸망시킨다.

그러나 이후 두예는 권력자에게 뇌물을 바쳐 신변의 안전을 확보하면서, 《춘추좌씨전》의 주석을 완성하는데 생애를 바친다. '지장'이 군주의 경계를 받는다는 것이 무엇을 의미하는지는 이미 사마의와 명제의 경우에서 본 대로다.

진나라의 천하통일에 있어서 손오를 멸망시킴으로 가장 큰 공훈을 세웠음에도 불구하고 후환을 피하기 위해 두예는 인심을 모아 천하를 노릴 마음이 없음을 뇌물을 바쳐 거듭 증명해 보였다. 결국 사마염은 두예의 이러한 노력에 의심을 거두었고, 두예는 《춘추좌씨전》의 주석을 완성하여 후세에 이름을 남길 수 있었다.

원래 두예는, 아버지 두서杜恕가 사마의와 대립하다가 실각했기 때문에 조위에 출사할 수 없었다. 사마씨의 정적 출신이기 때문이다. 그러다가 사마의의 아들인 사마소가 자신의 여동생을 아내로 맞지 않겠느냐며 생각지도 못한 제안을 해온 일을 계기로 벼슬길에 나서게 되었다.

사마소는 서진의 건국을 위해 저명한 명사, 그 중에서도 반反사마씨 명사의 회유를 획책하고 있었다. 결국 사마소는 황제인 조모를 살해하고, 두예는 황제시해(군주의 살해)를 정통화하기 위해 〈서시례書弑例〉라는 '범례'를 든다.

하극상이 시작된 춘추 시대의 역사를 묘사한 《춘추좌씨전》에는 군주가 시해되는 기록이 여러 차례 나온다. 그중에서 군주가 무도하여 이름이 기록된 일곱 가지 예에 대해 두예는, '군주라 하더라도 무도한 자는 시해된다'라는 주석을 반복해서 달았다. 그 근거는 주공의 '범례'에 두었다.

《춘추좌씨전》〈선공전宣公傳 4년〉에는 '무릇 군주를 시해할 때 군주의 이름을 (《춘추》의 본문에) 밝힌 경우는 군주가 무도한 것이다. 신하의 이름을 밝힌 경우는 신하의 죄다'라는 전傳, 경전의 해설이 달려 있다.

두예는 이 '범례'를 논거로, 군주가 무도한 경우에는 시해가 허용된다고 주공이 인정했다고 해석하여, 사마소가 저지른 '무도'한 황제 조모의 시해를 정당화했다.

중국을 통일한 서진에서는, 문제 사마염의 아들인 혜제惠帝 사마충司馬衷의 어리석음이 원인이 되어 얼마 안 가 난이 발발한다. 난을 틈타 조왕趙王 사마륜司馬倫은 황실 내에서 혁명을 일으켜 혜제를 폐위하고 황제로 즉위했다.

황제가 된 사마륜에 대항하여 제왕齊王 사마경司馬冏, 사마염의 동생, 성도왕成都王 사마영司馬穎, 사마염의 아들, 하간왕河間王 사마옹司馬顒, 사마의 동생의 손자이 거병한다.

이때 사마영의 군사였던 노지蘆志, 노식의 증손자는 이렇게 진언한다.

조왕은 무도하니 시해해도 됩니다.

학문으로 향한 두예의 지모는 결과적으로 중국을 커다란 분열로 이끄는 경전 해석을 낳았다.

채모

■

혼인을 통해 정권의 지주가 되다

향리에서 명성이 자자하다는 말은 그 지역 유력자인 호족들의 절대적인 지지를 받는다는 의미다. 호족들의 지지 속에 지역의 지도자가 되어 지역 정권의 안정에 기여하는 군사를 명망가名望家라 한다.

호족의 신뢰를 얻으려면 호족과 동질의 힘 즉, 소유한 토지에서 파생되는 경제력과 그에 기초한 군사력을 갖추는 것만으로는 불충분하다. 모든 면에서 탁월한 문화 즉, '타인과는 질적으로 다른 문화적 가치'를 지니고 있어야 한다.

대표적인 명망가로는 형주의 채모가 있으며 조조 진영에는 황건의 난 때부터 지역 백성들의 신뢰를 받아 고향을 지킨 정욱이 있다.

지역 호족에게 영향력을 행사하는 명망가는 군주가 그 지역을 지배할 때 필수불가결한 존재였다.

유비가 제갈량에게 삼고의 예를 다한 형주 양양군襄陽郡에서 당시 가장 유력한 명망가는 채모였다. 채모는 양양 교외에 대토지를 소유한 호족이었는데, 효렴孝廉29이라는 관료등용제도의 동기생이란 인연으로 조조와도 절친한 명사였다.

반란이 지속적으로 일어나던 형주에 형주목으로 부임한 유표劉表는 형주 지배를 위해 채모를 등용했고, 채모의 누이와 결혼했다. 사서에는 명기돼 있지 않으나,《삼국지연의》는 유표의 차남인 유종을 채모의 누이에서 난 아들이라고 썼다. 사실이 어쨌든, 채모가 지지한 유종이 유표의 사후 장남 유기劉琦를 제치고 후계자가 된 사건은 유표 정권의 지주가 채모였음을 단적으로 말해준다.

제갈량의 악부岳父, 장인 황승언도 채모의 누이를 아내로 맞았다. 즉, 제갈량은 채모나 유표와도 인척관계였으니, 채모의 인맥을 이용하여 유표 정권에 출사했다면 정권 상층부에 등용되었을 것이다. 그런데도 제갈량은 유표에게 출사하지 않았다. 군략가로서 제갈량이 품은 비전을 실현시킬 능력이 유표에게는 없었다고 판단했기 때문이다.

군략가와 명망가의 차이가 여기에 있다. 명망가는 향리에서의 명성을 중시하며 그 지역의 수호를 무엇보다 우선한다.

《삼국지연의》에서의 채모는 주유의 계략에 의해 조조에게 살해된다. 하지만 역사에서는 유종을 설득하여 형주와 양양을 조조에게 귀속시킨 공로를 인정받아 조조로부터 후대 받는다. 게다가 이전부터 친분이 있던 관계로 다른 이들은 채모를 경멸했지만 조조만은 채모를 벗으로 대하였다. 후에 채모는 한양정후漢陽亭侯에 봉해졌다.

비록《삼국지연의》와《삼국지》〈선주전〉에는 좋지 않게 묘사되었지만 채모는 근본적으로 지역의 발전과 안녕을 우선시했다. 그의 신념으로는 형주와 양양이 전화에 휘말리지 않기 위해서는 조조에게 항복하는 것이 최선이었다. 채모는 유비가 형주를 관리하게 되면 조조와의 싸움으로 형주에 전화가 미칠 것으로 판단하였다.

때문에 유표가 죽자 괴월蒯越, 부손傅巽, 한숭韓嵩 등과 논의하여 유비를 배제한 채 유종이 유표의 뒤를 잇게 한다. 그런 다음 조조가 항복을 권유하기 전에 유종을 설득해 형주와 양양을 들고 조조의 그늘로 들어간 것이다. 스스로 땅을 들어 바친 채모를 조조로서는 싫어할 리가 없다. 게다가 전부터 친분이 있는 관계라면 더더욱 그렇다.

상황이 여의치 않아 누군가의 도움이나 보호가 필요한 상황이 되었을 때 자존심 때문에 뻣뻣하게 군다면 도움이나 보호를 받기 힘들다. 한편으로는 다른 목적이 있지 않을까 의심을 받을 수도 있다. 채모의 행동은 남들이 보기에는 옳지 않지만 상당한 실리를 챙긴 것이다.

반면 군략가는 향리에 집착하지 않는다. 제갈량과 노숙 모두 서주 출신이었지만 향리를 떠나 각각 유비와 손권을 보필했다.

명망가와 군략가는 모두 타자와 구별되는 문화적 가치를 갖추기 위해 연찬研鑽을 쌓지만, 명망가는 그 능력을 지역의 수호에, 군략가는 그 재능을 천하와 국가의 경영에 쓴다.

제갈량

■

군주의 '난명'에 따르지 않고 초지일관하다

중국을 대표하는 충신으로 손꼽히는 제갈량이지만, 다른 사람도 아닌 유비에게서 그 충의를 의심받은 적이 있다.

관우의 복수를 위해 오로 공격해 들어간 유비는 이릉대전夷陵大戰(221)에서 육손陸遜에게 패한 뒤 223년 백제성白帝城에서 최후를 맞는다.

유비는 성도成都에서 불러들인 제갈량에게 후사인 유선을 부탁하며 이렇게 말한다.

> 유선에게 재능이 있다면 보좌해주길 바라오. 만약 그렇지 않다면 그대가 대신 군주가 되시오.

진수의 《삼국지》〈제갈량전〉은, 유비의 이 말이 군신간의 신뢰관계를 상징하며, 이후 제갈량의 일생은 유선을 부탁한 유비의 신뢰에 부응하는 '충'으로 일관했다고 강조한다. 그러나 명말明末의 사상가 왕부지王夫之는, 유비의 유언은 신하가 절대로 따를 수 없는 '난명亂命'이며, '이 유언으로 보아 유비는 제갈량을 관우처럼 전면적으로 신뢰하지 않았음을 알 수 있다'라고 기술했다.

유선에게 황제로서의 재능이 없다는 점은 명백했다. 따라서 유언의 '만약 그렇지 않다면'의 앞부분은 큰 의미가 없다. 유비는 제갈량에게 유선 대신 즉위하라고 명령한 것이나 마찬가지다.

유비의 사후, 제갈량과 함께 유비의 유언을 들은 이엄李嚴은 제갈량에게 "구석九錫30을 받는 게 어떠한가?"라고 권유했다. 유비의 유명遺命에 따라 황제가 될 준비를 하는 것이 어떤가라는 뜻이었다. 제갈량은 웃으며 넘겨버릴 수밖에 없었다.

유명을 따른다는 말은 곧 제갈량을 아버지처럼 공경하는 유선을 배신하는 처사며, 한 황실의 부흥이란 가슴에 품은 뜻을 버리는 일이다. 제갈량으로서는 촉한 건국의 대의명분에 배치되는 명령에 따를 수 없었다. 그렇기 때문에 유비의 유언은 '난명'이다.

유비는 왜 이런 유언을 남겼을까. 진수가 강조하는 '충의 가면'을 벗기면 그 답이 보인다. 바로 유비와 제갈량 사이의 긴장관계다.

제갈량 같은 명사들은 정권의 중심이 되어 새로운 이상국가의 건설을 목표로 삼았다. 그러려면 군주와 다퉈서라도 정책을 추진해야만 한다. 하나의 예를 들어보자.

일찍이 유비는 제갈량의 세력을 견제할 목적으로 제갈량과 사이가 안 좋은 법정法正을 상서령尙書令, 행정장관에 앉힌 적이 있다.

사실 제갈량과 법정의 관계는 《삼국지연의》에서는 사이가 좋은 편으로 나오지만 두 사람은 서로의 능력을 인정하고 각자의 영역에서 활동했을 뿐이지 가깝게 지내지는 않았다. 서로 성격이 달라 좋아하는 것이 같지 않았고, 법을 존중하는 제갈량과 달리 법정은 직설적이고 은원관계를 분명히 하여 덕성은 부족했다. 이는 익주 평정 후 촉군蜀郡 태수가 된 법정의 행동에서 나타난다. 그는 과거의 사소한 은원까지 들먹여 은혜를 갚거나 반드시 보복했다. 그러자 어떤 사람이 제갈량이 그를 제지해줄 것을 말했으나 제갈량은 유비가 법정을 신임하고 있고, 익주 평정의 공이 있기에 좋은 말로 무마시켰었다.

이러한 성격 차이 때문에 법정이 상서령의 자리에 있는 것이 제갈량으로서는 불편할 수밖에 없었다. 하지만 제갈량은 법정의 지모와 책략이 뛰어남을 알고 있었기에 유비의 결정에 따라 협력한다. '한중쟁탈전'은 그 협력의 결과물이다. 제갈량은 내정을 전담하여 익주를 안정시키고 부족함이 없게 군수물자를 댔다. 그리고 법정은 유비를 따라 한중 전선에 참여하여 다양한 계책으로 승리를 이끌어내 한중을 차지하는 데 공을 세웠다. 둘의 협력 관계는 법정이 죽음으로써 끝난다.

이렇게 1차 대립은 법정의 재능을 인정한 제갈량이 물러섬으로 유비의 뜻대로 된다. 하지만 2차 대립은 상황이 달랐다.

법정이 죽고 난 뒤 '상서령' 관직을 둘러싸고 두 사람은 다시 한 번 대립한다. 제갈량은 유파劉巴의 재능을 높게 평가하여 그를 싫어하는 유비의 반대를 무릅쓰고 상서령으로 추천했다. 유파는 본심으로 유비를 따른 것이 아니었다. 그는 말이 적고 사사로운 사귐을 제한했다. 게다가 천성이 고상하여 무장들과 어울리기를 싫어했다. 장비가 그와 친해지고자 했지만 유파는 말을 나누지도 않았다. 이에 유비가 화를 내기도 했고, 제갈량이 직접 달래기도 했지만 유파는 듣지 않았다. 하지만 성격상의 문제는 있을지언정 능력은 뛰어났기에 제갈량은 그를 추천했고, 유비는 받아들일 수밖에 없었다.

이렇게 두 사람이 대립하면서도 제갈량은 조직을 위해 노력하며 유비를 보좌했지만 유비는 '난명'을 내리는 것으로 제갈량과의 관계를 결론내렸다. 거병 이후 줄곧 함께한 아군(관우와 장비)을 잃은 유비로서는 유선의 미래를 지키려면 제갈량의 즉위에 못을 박아둘 필요가 있다고 생각했을 것이다.

위에 선 자로서 이는 잘못된 판단이다. 반복하지만, 신하는 난명에 따를 수 없기 때문이다. 그러나 얄궂게도 유비의 난명은 결과적으로 제갈량에게 한 황실의 부흥이란 뜻을 고수케 했고 제갈량을 충신으로 남게 했다.

유비의 의심은 제갈량으로서는 생각지도 못한 일이었을 것이다. 그래서 제갈량은 난명을 무시하고 전력으로 유선을 보좌하였고, 촉한의 국시에 따라 위나라를 북벌하러 출정한다. 이때 유선에게 올린 상진문 上奏文이 출사표出師表31이다.

출사표(발췌)

선제께서는 뜻을 반도 이루지 못하고 붕어하셨습니다. 지금 천하는 삼분돼 있으나, 익주는 피폐하여 존망이 위태로운 때입니다. ……(중략)…… 관직 없이 밭을 갈며 생활하던 신표은 제후들의 귀에 알려진 자도 아니었습니다. 선제께서는 그런 신을 가벼이 여기지 않으시고 세 번이나 제 집에 행차하여 정세를 물으셨습니다. 몹시 감동한 신은 신명을 바칠 각오를 하였습니다. ……(중략)…… 남쪽을 평정하여 무기도 가득한 지금이야말로 군사를 이끌고 북을 평정해야 할 때입니다. 어리석은 신하이오나, 악인을 제거하여 한 황실을 부흥시키고 장안과 낙양을 되찾겠습니다. 이것으로 선제의 은혜에 보답하고 폐하께 충의를 다하고자 합니다. ……(중략)…… 신이 받은 은혜에는 감격하지 않을 수 없습니다. 여기 출정에 앞서 표문을 올리나, 눈물이 앞을 가려 뭐라 아뢸지 알지 못하겠나이다.

출사표에서는 '폐하'라는 유선에 대한 호칭은 6회에 불과하지만, 유비를 지칭하는 '선제先帝'는 열세 번이나 나온다. 제갈량은 '선제'를 여러 번 사용하여 '유비의 신임을 받아 유선에게 충성을 다하고 있다'라는 점을 확인하고 있다. 유비의 유언이 제갈량에게 이 같은 배려를 하게끔 만들었다.

다행히 유선은 제갈량을 굳게 믿었다. 망국의 암군暗君으로 역사에 이름을 새긴 유선이지만, 그가 제갈량을 '상부'로서 공경하고 신뢰했기에 비로소 제갈량은 충신으로서의 생애를 보낼 수 있었다.

충신이 직공職貢을 다하려면, 본인의 자질에 더하여 군주 스스로 충신이 나타날 만한 상황을 만들어줄 필요가 있다. 손권은 주유를, 유선은 제갈량을 한 점 의심 없이 신뢰했다.

리더가 활약할 무대를 마련해주었기에 비로소 충성을 다하는 부하가 나타났다.

위에 선 자에게는 지극히 중요한 교훈 중 하나일 것이다.

05
리더와 동료의
신뢰를 획득하라

장료

■

사적인 감정을 잊고 동료를 우군으로 만들다

'의義'는 사람으로서 올바른 길을 따르는 것 혹은 덕행이 매우 높은 것을 가리키는 말로, 《맹자孟子》 때부터 '인仁'과 비견되는 최고의 덕목으로 자리매김했다.

《맹자》〈진심편하盡心篇下〉편에서는 '춘추무의전春秋無義戰, 춘추 시대에는 의로운 전쟁이 없다'이라고 말한다. 적의 살해를 기본 전제로 하는 싸움에서 의를 구하기는 어렵다.

'의장義將'은 싸움의 목적을 의에 두고, 무의미한 살육을 벌이거나 불리한 상황에 처한 적을 토벌하지 않는 장수를 말한다.

《삼국지》에서는 조조가 관우의 의를 높이 평가하는데, 꼭 그 때문에 관우를 '의장'으로 칭송하는 것은 아니다. 관우가 '의장'으로서 자리매김한 것은 《삼국지연의》이며, 관우와 친밀하게 지낸 장료 또한 《삼국지

1장 생존의 지혜, 성공에서 배우다

연의》에서 '의장'의 색채를 띤다.

촉한을 선으로 보는《삼국지연의》에서 촉한의 적인 조조의 무장은 악역이었다. 그러나 그중에서 예외적으로 장료는 바른 인물로 묘사된다.

관우와 우정을 나누었으며, 관우가 조조에게 항복할 때는 사자로 나섰고, 관우가 오관을 강행 돌파했을 때는 하후돈을 말리러 가는 역할을 했다. 적인 관우를 존중하여 조건을 제시하며 항복하도록 설득했고, 조조와 관우 사이에 서서 양자의 관계를 조율하려 한 '의장'으로 장료를 묘사한 것이다.

그러나 역사 속 장료는 '의장'이라기보다는 오히려 '용장'에 가깝다.

건안 20년(215), 조조가 한중으로 출정하자 손권은 10만의 군사로 합비를 공격했다. 합비를 지키는 병사는 고작 7천. 그러나 손권의 행동을 예견한 조조는 다음과 같은 교지를 전달해둔 상태였다.

> 장료 장군과 이전李典 장군은 나가 싸우고, 악진樂進 장군은 성을 지켜라. 호군護軍 설제薛悌는 싸움에 참가하지 말라.

하지만 제장들은 의심하고 망설인다. 또 세 장군이 평소 화목한 관계가 아니었다. 이때 국가대사라 생각한 장료가 먼저 사사로운 감정을 떨치고 일어나 분연히 외쳤다.

조공이 밖으로 원정을 갔으니 (우리가) 구원이 오기를 기다리면 적은 반드시 우리를 무찌를 거라고 생각한 것이오. 때문에 교지를 통해 아직 서로 맞붙기 전에 갑자기 공격하여 오군의 예기를 꺾고 사람들의 마음을 어루만져 평안하게 한 연후에 성을 지키라고 한 것이오. 성패의 관건은 이 싸움에 달렸는데, 당신들은 또 무엇 때문에 의심하는 것이오?

그러자 이전 역시 장료의 용기와 의기에 감복하여 원한을 접고 그의 뜻에 동참한다.

이것은 국가의 큰일입니다. 장군의 계책이 맞을지 틀릴지를 볼 뿐이지 어떻게 사사로운 원한으로 공적인 도의를 돌아보지 않겠습니까!

그리하여 장료는 밤에 용사 8백 명을 모아 소를 잡아 상으로 내리고, 날이 밝자 이전과 함께 무기를 들고 선두에 서서 손권의 진영으로 쳐들어갔다. 용맹을 발휘하여 순식간에 손권 진영을 뚫고 들어가 큰 깃발 아래 도착했다. 이에 손권은 놀랐고, 사람들은 어찌 할 바를 알지 못한 채 물러나 작은 산으로 도망쳤다. 그야말로 '용장' 장료의 대담한 결단력과 용맹이 손권을 공포에 빠뜨렸던 것이다.

그러나 장료가 이끄는 병사는 1천 명도 안 되었다. 제정신을 차린 손권은 장료의 군대가 소수임을 알고는 군사를 집결시켜서 장료를 몇 겹으로 포위했다. 장료는 밀려오는 적과 좌충우돌하며 포위망을 뚫고 나왔지만, 아직 빠져나오지 못한 병사들이 있었다. 장료는 다시 포위망을 뚫고 들어가 나머지 병사들을 구해내고 합비성을 굳게 지켰다. 장료가 병사를 버리지 않았기에 사람들은 마음의 안정을 되찾았고, 손권이 열흘 넘게 포위를 해도 성은 함락되지 않았다.

결국 손권은 단념하고 퇴각했다. 귀로에 오른 손권을 장료는 소요진逍遙津에서 재차 급습한다. 소요진은 나루터다. 강의 중간까지 건너간 적군을 공격하는 것은 병법의 기본이라고 《손자》에도 나와 있다. 장료는 밀치락달치락하는 손권군 속으로 돌입하여 닥치는 대로 적을 베어 넘기며 손권의 장군기를 빼앗았다. 감녕, 여몽의 분전과, 목숨을 도외시한 능통凌統의 돌입으로 손권은 가까스로 도망칠 수 있었지만, 능통의 부하는 전멸하고 능통 자신도 중상을 입었다.

이후 손권은 장료를 두려워하여, 제장에게 "장료와 싸우지 말라"라고 못을 박았다고 한다.《삼국지연의》에서는, 오에서는 '장료가 온다, 장료가 온다'라고 하면 아이들은 무서워하며 울음을 그쳤다는 일화로 그 공포를 표현했다.

장료는 합비전을 통해 손권에게 공포심을 심어주는 데에 성공했고, 이후 손권은 합비성을 가볍게 넘볼 수 없게 되었다.

하지만 만에 하나 장료가 사사로운 원한을 잊지 않고 이전, 악진과 화해하지 못했다면 조조의 군령을 지키지 못하고, 합비대전에서 승자가 될 수 없었을 것이다. 하지만 이를 극복하여 동료의 신뢰를 얻음으로써 승리의 초석을 놓을 수 있었다. 이후로 조조는 장료를 더욱 신뢰하여 대오전선을 맡겼고, 오는 장료를 위협 인물로 보고 한층 더 조심하게 되었다.

무장은 단순히 개인적으로 강하기만 해서는 높은 평가를 받지 못한다. 삼국지 최강이자 비장飛將이라 불린 여포의 평가가 꼭 높기만 한 것은 아니다.

명장, 지장이라 불리며 싸움에 숙달된 무장보다도 충장, 의장이 높이 평가된다. 후에 형주를 통치하고 있었지만 이미 개인적 전투능력이 쇠퇴해 있던 관우를 조조가 마지막까지 두려워하고 손권이 장료가 죽는 그 순간까지 겁을 먹은 이유는, 그들의 싸움에는 사람들의 공감을 사는 무언가가 있었기 때문이 아닐까.

노숙

강적을 상대하기 위해 동맹을 주장하다

앞서 제갈량을 설명할 때 관우, 장비로 각인되는 구세력으로부터 환영을 받지 못했다는 이야기를 했다. 이와 마찬가지로 오에서도, 군략가로서 제안하는 노숙의 비전을 들은 장소는 노숙의 의견을 채용하지 말라고 손권에게 진언한다.

노숙과 제갈량의 공통점은 이뿐만이 아니라 흔히 말하는 '천하삼분지계'라는 국가 전략을 들고 나온 것으로도 유명하다. 그런데 이는 원래 제갈량의 생각이었다고 전해진다. 그 때문에 노숙의 '천하삼분지계'는, 노숙이 제갈량의 형인 제갈근諸葛瑾, 노숙과 마찬가지로 오에 출사했다의 말을 듣고 떠올린 표절작이라는 말도 있다. 그러나 이는 완벽하게 오해이다.

두 사람에 대한 후세의 평가는, '천하삼분지계' 하나만 봐도 제갈량의 공적만 칭송할 뿐 노숙에 대해서는 필요 이상으로 박하다. 그 최대

원인은 〈삼국지〉 소설류가 제공했다. 나관중의 저작인 《삼국지연의》를 필두로 영화 〈적벽대전〉에 이르기까지, 역대 〈삼국지〉 이야기 속에서 노숙은 제갈량과 주유 사이에서 우왕좌왕하는 우유부단한 호인으로 그려진다. 경극 〈단도회短刀會〉32에서는 신으로 존경받는 관우에게 농락당하는 역할로 나온다.

그러나 역사는 소설과 다르다. 노숙은 제갈량을 상대로 한 걸음도 물러서지 않은 군략가였다.

제갈량이 한대의 정신을 계승한 왕도를 걷는 군사라면, 노숙은 '한나라'라는 제약을 뛰어넘어 다음 시대를 열어젖힌 군사라고 할 수 있다. 그러나 동시대를 산 주위 사람들조차 그의 날카로운 통찰을 쉽게 이해하지는 못했다.

노숙의 생가는 대대로 이어져 내려온 서주의 호족이었다. 황건의 난으로 천하가 어지러워지자, 노숙은 조상이 물려준 전답을 팔아치운 돈으로 북쪽에서 피난 온 지식인들을 경제적으로 원조했다. 이 때문에 노숙의 집안이 기울자, 지역 유지들은 입을 모아 "노씨 집안도 대대로 쇠퇴하더니 이런 자손이 태어났구나"라며 노숙을 비난했다.

그러나 노숙은 전란에 휘말려 소유지 경영이라는 안정된 경제 기반을 잃었을 때, 대토지를 대신하여 자신의 존립 기반이 되어줄 것이 무엇인지 정확히 알고 있었다. 바로 지식인들 사이에 퍼진 명성이다.

마침내 평판을 듣고 양주 제일의 명사 주유가 노숙을 찾아온다. 군비가 모자라니 노숙의 원조를 받고 싶다고 했다. 노숙은 집에 둘 있는 커다란 곳간 중 하나를 가리키며 말했다.

이것을 모두 쓰십시오.

주유는 그 대담함에 놀라 노숙을 높이 평가했다. 이 일로 노숙의 명성은 강동江東, 장강 하류지역 전역으로 퍼진다.

한대 호족의 존립 기반은 토지 소유에 있었는데, 노숙은 이 경제자본을 명성이라는 문화자본으로 전환함으로써 자신의 경제적 기반이 있는 고향을 떠나서도 지식인으로서 살아갈 수 있도록 투자했다. 현대의 지식노동자가 자산 운용으로 경제자본을 증대시키기보다, 자기투자를 통해 자신의 문화자본을 충실하게 하는 행위와 같다. 이렇게 해서 노숙은 명사가 되었다.

노숙의 혜안대로 고향인 서주는 조조의 손에 파괴되었다. 그리고 주유의 인정을 받은 노숙은 강동으로 가서 손권과 대면하고, 그 자리에서 오가 사는 길, 기본방침을 펼쳐 보인다.

상식에 얽매이지 않고 '비상식'을 실현하다

조조는 강하고 한나라는 부흥할 수 없습니다. 따라서 장군(손권)께서는 강동을 거점으로 천하에 정립鼎立, 세 다리로 선다. 즉, 천하를 삼분해서 그 하나를 손권이 가진다 하는 상황을 만들어내신 뒤, 칭제稱帝 하시어 천하의 변화를 살피셔야 합니다.

노숙은 손권에게 이렇게 진언했다. 노숙판 '천하삼분지계'다. 한나라의 부흥에 집착하지 않는다는 점이 제갈량의 '초려대'보다 현실적이다.

당시 황건의 난을 본 명사들 대부분은 한나라의 부흥이 어려우리라 생각하고는 있었다. 그러나 400년이 넘게 존속되었으며 유교가 '성한聖漢'이라고 정통화한 한나라의 부흥을 포기해야 한다고 실제로 단언한 점, 한의 멸망을 전제로 기본방침을 세운 점, 나아가 주군에게 그 같은 기본방침을 진언한 점 등은 명사로서 상궤를 벗어난 행위가 아닐 수 없다. 그것이 당시 지식인들의 '상식'이었다.

적벽대전 때 노숙과 함께 주전론을 전개한 주유라 할지라도 노숙 정도로 급진적인 사고를 하지는 못했다. 주유의 방침은, 조조를 타도하고 손권이 한나라를 부흥시킨다는 비현실적인 것이었다. 주유는 2대에 걸쳐 최고위 관직(삼공三公**33**)을 배출한 '이세삼공二世三公' 집안 출신이었기에 차마 한나라의 부흥을 포기할 수 없었다.

그러나 노숙은 똑같이 유교를 공부했음에도 한나라의 부흥에 매달리지 않았다. 이 점을 보더라도, 또 제갈량의 '초려대'와 비교해 보더라도 노숙이 주장한 기본방침의 참신함이 두드러진다.

천하삼분을 목적으로 하는 참신한 발상

천하삼분의 상황을 만든 뒤 손권에게 칭제하라는 노숙의 방침에서 다음 시대에 대한 가능성을 감지할 수 있다.

노숙은 중국 재통일이라는 명제에 전혀 집착하지 않았다. 중국을 통일하지 않더라도 국토를 삼분한 뒤 그 중 일국을 다스리는 자가 황제로 즉위하면 된다는 발상이다. 이 점에서는 제갈량의 '초려대'보다는 노숙판 '천하삼분지계' 쪽이 '천하삼분'이란 명목에 잘 들어맞는다. 제갈량에게 천하삼분은 수단이었지만, 노숙에게는 목적이었다.

노숙의 방침을 들은 손권은 자못 놀랐으리라. 설마 자신이 황제로 즉위한다니, 생각지도 못한 일이었을 것이다.

당시 손권은, 형 손책 때 출사한 신하인 장굉張紘이 정리한 '한실광보漢室匡輔, 한나라의 악적을 물리쳐 한나라를 구한다'를 방침으로 내세우고 있었다. 전통적인 명사인 장소는 혁신적인 사고의 소유자인 노숙을 싫어하여 중용하지 말라고 손권에게 진언했다. 그러나 손권은 장소의 진언을 물리치고 주유가 천거한 군략가 노숙을 높이 평가하여 중용했다.

훗날 손권은 즉위하며 "일찍이 노숙은 내가 이리 될 것이라 예언했었다"라고 노숙을 칭찬한다. 주유조차 입 밖에 내지 못했던 손권의 즉위를 제일 처음 진언한 이가 노숙이었다는 점은 이 장면을 봐도 명백하다.

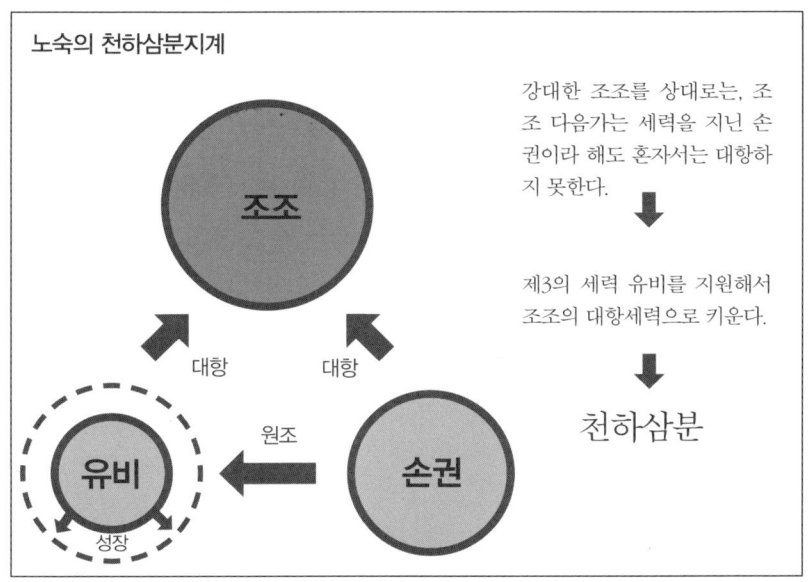

적대세력과의 공방

노숙은 천하삼분을 위해 제3세력을 만들려는 노력을 계속했다. 그 대상은 유비였다.

조조가 남하하자, 유비와 동맹을 맺어 손유연합군(孫劉聯合軍)으로 조조 타도를 노려야 한다고 주장한 노숙은 오의 사자로서 유비와 회견하고, 제갈량에게는 그의 형인 제갈근의 친구임을 밝혀 교우관계를 맺는다. 유비가 손권과의 동맹을 승인하자, 노숙은 그 증거로 촉의 사자 신분의 제갈량과 동행하여 오로 돌아온다.

제갈량으로서도 '초려대'를 실현하기 위해서 어떡해서든 오와 동맹을 맺어야 했다. 그 역시 손권을 열심히 설득했다. 노숙은 제갈량의 방침을 측면에서 지원하기 위해, 조조에게 항복할 것을 주장하는 장소 등의 입장을 현실적으로 분석하여 손권에게 다음과 같이 진언했다.

저는 항복해서 조조를 맞이할 수 있습니다만, 장군께서는 그러실 수 없습니다. 왜냐하면 조조는 고향에서의 제 명성을 평가하여 (명사인 제게) 걸맞은 관직을 내릴 것입니다. 그러나 장군께서는 몸 둘 곳이 있을 리 없습니다. 부디 (항복을 주장하는) 저들의 계략을 쓰지 마시옵소서.

실제로 조조가 형주를 공략할 때 항복을 주도한 채모 같은 형주의 명사들은, 형주가 조조의 지배하에 들어간 뒤에도 조조 정권에서 나름대로의 대우를 받았다. 장소처럼 북에서 내려온 명사들은 스스로의 명성에 더하여 오를 항복시켰다는 공적까지 쌓게 되므로 조조의 환대를 기대할 수 있는 상황이었다.

노숙은 자신과 장소를 포함한 명사 계층은 그 명성 때문에 적당한 관직을 받을 수 있다는 점, 또 장소의 무리는 조조가 명사들을 대하는 방식을 계산에 넣고서 조조에 항복할 것을 주장하고 있다는 점을 논리적으로 설명했다.

손권의 입장에서는 자신을 먼저 생각해서 충언을 올리는 노숙이 더

없이 미더웠을 것이다. 그러한 믿음이 있었기에 더 이상 고민하지 않고 노숙의 의견을 따른다.

실현된 쪽은 노숙의 '천하삼분'

충심이 담긴 간절한 충언으로 손권을 항전 쪽으로 돌려세운 노숙은 주유를 지지하여 적벽대전에서 조조를 격파했다. 이때 유비는 주유의 전략을 의심하여 적극적으로 싸우려 들지 않았다.

그래도 노숙은 유비에게 형주 남부를 영유領有토록 했다. 제갈량이 형주 명사를 규합해서 형주의 지배를 확립해가는 행동을 용인했고, 동시에 '형주를 유비에게 빌려준다.'라는 교묘한 논리로 오의 여론을 납득시켰다. 그 결과 유비는 형주를 거점으로 익주를 취하여 촉한정권을 수립했고, '천하삼분'이 실현되었다.

문자 그대로의 '천하삼분'이 실현된 뒤에도 제갈량의 군사 행동은 멈추지 않았다. 천하삼분이 목적이 아니었다는 증거다. 위를 멸하고 촉한이 중국을 통일한다는 데 목표를 두었기에 북벌을 거듭했던 것이다. 반면 오는 천하삼분 뒤 적극적으로 중원을 취하려 하지 않았다. 노숙의 기본방침은 이미 실현되었기 때문이다.

제갈량과 노숙의 '천하삼분지계' 경연은, 현실성이 뛰어나다는 점에서 노숙의 승리라고 할 수 있다.

손권이 노숙을 신뢰하지 않았다면 노숙의 주장들은 받아들여지지 않았을 것이다. 또한 주유가 죽으면서 노숙을 후임으로 추천했을 때 두말하지 않고 따른 것도 깊이 신뢰하고 있기 때문이었다. 자신과 출신 성향이 같은 동료의 신뢰보다 우선해서 군주의 신뢰를 얻음으로써 노숙은 자신의 전략을 실현하고 유지할 수 있게 되었다.

하지만 후세 사람들은 제갈량과 달리 노숙을 이상적인 군략가로 보지 않는다. '천하삼분'이 정립된 이후 노숙이 대세에 영향을 끼친 부분이 적었기 때문이기도 하지만《삼국지연의》에서의 마냥 사람 좋은 모습으로만 그려진 영향이 작지 않다 할 수 있다.

이는 사람들이 역사적 사실 속에서 무엇을 받아들이며 그에 대해 어떤 식으로 느끼는가. 역사를 안다는 것은 곧 인간에 대하여, 그리고 인간 행위에 대하여 중요한 교훈을 얻는 일이기도 하다.

정욱

■

일의 중요성에 따라 의논 상대를 선택한다

 위의 기초를 만든 조조에게 일생일대의 위기는 영화 〈적벽대전〉에 묘사된 적벽에서의 패전이 아니다. 근거지인 연주에서 부하인 진궁陳宮, 친구인 장막張邈이 배신해 여포를 끌어들이고 연주를 거의 장악해 근거지를 거의 잃기 직전이었을 때였다.

 흥평 원년興平 元年(194) 여름, 조조는 서주로 군사를 진격시켰다. 본거지인 견성을 순욱과 정욱에게 맡기고, 거의 전군을 이끌고 나선 총공세였다. 조조의 서주 공격은 아버지인 조숭曹嵩이 서주목 도겸에게 살해되었기 때문이다. 원술과 손을 잡고 원소와 대립하고 있던 도겸이, 당시 원소 측에 서서 원술을 공격한 조조에게 보복했던 것이다.

 격정가인 조조는 부친의 죽음에 격노하여 도겸을 공격하고 서주 주민을 학살한다. 이 사건은 조조 평생의 오점으로 남아 중국통일의 걸림돌이 된다. 여담이지만, 당시 서주에 있던 제갈량은 훗날 같은 서주 출신인 노숙과 동맹을 맺어 적벽대전에서 조조의 앞을 막아선다. 역사란 때로 이런 장면을 연출한다.

반동탁 연합군 이후 조조는 딱히 근거지가 없었던 탓에 하내에 주둔하면서 원소에게 의지하고 있었다. 원소를 적대하는 세력과 주변의 흑산적, 황건적 등을 토벌하며 명성을 쌓고 있던 중 연주 명사인 포신과 진궁의 요청을 받아 황건적에게 자사 유대를 잃은 연주를 거점으로 삼을 수 있었다.

그 연주에서 조조가 성을 비운 사이에 긴급 사태가 발생했다. 당시 조조를 추대했던 명사 중 포신은 이미 죽은 뒤였다. 남은 명사는 진궁 하나였다.

서주 원정을 떠난 조조에게서 연주의 지배를 위임받은 진궁은 조조의 서주대학살에 실망하여 반기를 들었다. 조조의 친우인 장막을 설득하고 여포를 끌어들여서 반란을 일으켰던 것이다.

여포가 연주목을 자칭하자 연주 내 대부분의 군현이 이에 호응했기에, 조조에게 남은 곳은 순욱과 정욱이 목숨을 걸고 사수한 견성을 제외하면 범과 동아 2개 현뿐이었다.

정욱은 연주 동군東郡 동아현 출신의 명사다. 경제력을 문화자본으로 바꾸는 자기투자를 통해 정욱은 지역 방위책을 생각할 수 있는 지식과, 필요한 정보를 획득할 수 있는 인맥, 그리고 종합적 분석력과 정확한 판단력을 갖추었다. 이것이 정욱의 '가치'였으며 호족들의 지지를 받은 명성의 근거였다.

황건의 난 당시, 동아현에서는 현승顯丞, 현의 차관인 왕도王度가 황건적과 결탁했기 때문에 현령縣令, 현의 행정장관이 도망가고 백성이 거구산渠丘山으로 달아나는 사태가 벌어졌다. 놀라 우왕좌왕하는 백성은 상관 않고, 정욱은 동아현의 호족인 설방薛房 등에게 책략을 일러줬다. 그러나 백성은 정욱의 책략을 이해하지 못해 그의 말을 듣지 않았다. 이에 정욱은 "어리석은 백성과 일을 계획할 수 없다"라며 백성의 동향을 일절 무시하자는 결단을 내린다.

정욱은 호족인 설씨와 도모하여 동아성東阿城, 현을 다스리는 관청은 성에 둔다을 탈환하고 황건적을 격퇴했다. 호족의 지지를 받은 정욱은 향리사회를 위기에서 구하는 데 성공한다. 동아현은 이후 조조의 지배 하로 들어가고, 정욱 역시 벽소辟召, 재야의 귀인을 부하로 불러들이는 관료등용제도의 하나를 받아 조조에게 출사했다.

순욱은, 향리에서 호족층의 지지를 받는 명망가 정욱을 '(동아현)백성의 희망'이라고 칭했다.

> 지금 연주는 반란을 일으켜서 오로지 이 세 성(견성과 범성, 동아성)만이 남았을 뿐이오. 그대는 향리사회의 여망을 짊어진 '백성의 희망'이오. 향리로 돌아가 범현과 동아현의 호족과 상의한다면 일이 잘 풀리지 않겠소.

'백성의 희망'은 문자 그대로의 일반 백성이 아니라, 향리사회에서 직접 백성을 지배하는 호족들의 지지를 받고 있다는 의미다. 순욱은 향리사회에 미치는 정욱의 영향력에 기대했던 것이다.

순욱의 의뢰를 받은 정욱은 범현과 동아현을 수비하기 위해 돌아왔다. 그리고 다시 한 번 연주종사從事, 대부분 해당 주의 관할 하에 있는 현의 호족이 취임했다인 설제와 협력하여 여포의 맹공으로부터 세 성을 사수하고 조조의 귀환을 기다렸다.

정욱은 타인과 다른 문화적 가치를 갖추고 있었으나, 학문을 할 기회를 얻지 못한 백성이 그 가치를 다 이해한다고는 할 수 없다. 정욱은 자신의 책략을 따르지 않는 백성을 '어리석은 백성'이라며 내치고, 자신의 가치를 이해하는 호족들과 손을 잡고 향리를 지켜내는 결과를 남겼다. 이것이 '백성의 희망'이다.

선견지명이 없는 백성의 동향에 우왕좌왕할 필요 없다. 결과만 내놓는다면 자신을 비판하던 호족들에게서도 명망을 얻을 수 있다. 여기서 명망가의 또 하나의 특징을 간파할 수 있다.

주력을 이끌고 서주에서 돌아온 조조는 장막과 여포, 진궁을 격파하고 연주를 탈환했다. 조조의 근거지를 사수한 정욱은 '군사'로서 발군의 공적을 올렸고, 조조에게서 "그대의 힘이 없었더라면 나는 돌아올 곳이 없었을 것이다"라는 감사의 말과 함께 신임을 얻게 된다. 그리고 동평국상東平國相, 군과 동격인 국을 지배하는 행정관에 임명되었다.

그 후로도 정욱은 조조를 따라 각지의 전선에 참여하여 다양한 계책으로 승리를 이끌었다. 그리고는 적벽대전이 끝나고 난 뒤 중원이 안정되자 조조에게 다음과 같은 표를 올려 병권을 내놓고 칩거에 들어간다.

만족할 줄 알아 욕되지 아니하였으니 저는 이만 물러나고자 합니다.

이때 정욱의 나이가 적지 않았고(조조보다 연상이었다), 조조로부터 과거의 공적을 칭송받았기에 시기상으로는 적절한 때였다(《삼국지연의》에서도 적벽대전 이후에 정욱은 등장하지 않는다).

하지만 은퇴 후에도 조조의 명령으로 마초를 토벌하는 동안 조비를 도와 하간의 반란을 진압하기도 했으며, 위나라가 세워진 후에는 위위衛尉, 황궁의 경비와 궁중의 순찰을 관장하는 직위에 임명되었다가 면직되기도 했다. 조비가 황제가 되자 삼공에 임명하려 할 때 죽었다.

정욱은 비록 공公에 이르지 못했으나 조조 휘하의 참모들 중 드물게 80세까지 장수했다. 순욱과 공융을 비롯한 몇몇 명사들이 조조로부터 미움을 받아 죽게 된 것에 비하면 정욱은 은퇴를 선언함으로써 조조의 신뢰를 유지하게 되었고, 이로 인해 평안한 노후를 보장받은 것이라 할 수 있다.

도움글 1

군사의 출신 계층
'명사'란 무엇인가

　이 책에서는 삼국 시대를 분석하기 위한 개념으로 '명사名士'란 용어를 사용하고 있다. '명사'는 한대의 호족을 주된 출신 계층으로 하며, 이후 양진남북조兩晉南北朝 시대 귀족의 원류가 된 명사는 삼국 시대의 지식인층을 가리킨다.

　제갈량과 사마의가 위수渭水 부근에서 대치하던 무렵오장원 전투, 사마의는 첩자를 보내 제갈량의 모습을 염탐한다. 제갈량은 전장에서도 군복을 입지 않고 장식 없는 가마를 탔으며, 머리에 두건을 쓰고 깃털부채를 흔들어 군대를 지휘했는데, 병사들은 모두 제갈량의 명령대로 움직였다. 이 말을 들은 사마의는 "제갈량은 명사라 할 만하다"라고 감탄했다고 한다[《예문유취藝文類聚》 권 67 배계裴啓 「어림語林」]34.

　이처럼 '명사'라는 단어는 사료史料에서도 보이지만, 이 시대 특유의 용어는 아니다. 따라서 이 책에서 사용할 때의 명사는 어디까지나 분석 개념이다.

명사라는 분석 개념은, 프랑스의 사회학자 피에르 브르디외Pierre Bourdieu35의 문화자본론文化資本論에서 힌트를 얻었다. 역사를 생산력의 발전 단계에 따라 분석한 마르크스주의의 유물사관에 반대하여, 사회의 총체로서 역사를 파악하려 한 아날학파Annales School36에서 일익을 담당한 브르디외는, 경제뿐만 아니라 문화도 하나의 자본이며, 따라서 인간을 탁월하게 만드는 기준이 될 수 있음을, 학문과 자격 및 학력처럼 제도화된 문화자본, 회화나 피아노 혹은 서적 같은 객체적 문화자본, 언어와 몸가짐, 센스로 대표되는 신체화된 문화자본 등을 분석하여 증명해냈다.

노숙은 대토지 소유자인 호족 가문 출신이긴 하지만, 정작 그가 사회 속에서 탁월한 지위를 얻은 직접적인 이유는, 주유에게 평가받아 명성을 얻었기 때문이지 경제력 때문이 아니었다. 노숙은 주유가 아닌 다른 이들, 즉 처지가 곤궁한 명사들을 위해서도 조상이 물려준 전답을 팔아 진휼賑恤, 원조를 위해 금품을 주는 것을 아끼지 않았고, 그로 인해 명성을 쌓으려 했다.

높은 유학비용을 지불하고 하버드대학의 MBA를 취득하듯이, 노숙은 경제자본을 문화자본으로 전환하는 방법으로 명사가 될 수 있었다.

난세에서, 도적의 공격에 대한 방어나 운반이 어려운 대토지 소유라는 경제자본에 비해, 몸에 익힌 문화적 가치에 주어지는 명성이란 문화자본은 그 유지와 이동이 모두 용이하다.

서주 낭야에서는 대토지를 소유했을 제갈량이, 그 같은 경제자본 없이 고향에서 멀리 떨어진 형주의 양양에서도 탁월한 지위를 얻을 수 있었던 이유는 그에게 문화자본이 있었기 때문이다.

또 호족이란 명칭에서 알 수 있듯이 대토지는 일족이 소유한다. 그러나 문화자본은 개인에게 귀속된다. 명'족族'이라 하지 않고 명'사士'라 하는 이유다.

과거의 노숙이 그랬듯이, 호족들은 자신들 또한 명사가 되기 위해 명사를 지지하고 그들의 명성을 존중했다. 군주가 광대한 영역을 지배하려면, 지역 사회의 유력 호족에게 영향력을 행사하는 명사의 협력이 필요했다.

또한 명사는, 그들이 속한 지식인 사회의 힘만으로도 정보를 장악하고 상황을 분석할 수 있었다. 삼국 제일의 병법가인 조조조차 싸움에 승리하기 위해서는 정보를 장악한 명사의 협력이 반드시 필요했다.

다만 명사는 군주를 상대로 절대 복종의 군신관계를 항상 유지해야 하는 것은 아니다. 군주의 부당한 명령에 따른다면 명사로서 쌓아온 명성이 땅에 떨어지기 때문이다. 진궁이 조조의 서주대학살을 보고 반란을 일으킨 까닭은 그래서다.

명사들은 군주와 거의 대등한 위치에 선 협력자로 남으려 했다. 그리고 그 결과 명사의 발언력이 너무 강해지면 정권 내에서의 군주권력은 약화된다. 그래서 군주는 명사에게 절대적인 복종을 요구하여 자신의 군주권력을 강화하려고 했다.

　삼국 시대의 항쟁에서, 실제 전투를 이겨나가려면 유능한 무장이 필요불가결함은 더 말할 필요도 없다. 그에 더하여, 정권의 귀추를 쥐고 있는 명사를 어떻게 다룰 것인가, 이것이 삼국의 명운을 결정지었다.

2장

생존의 지혜,
실패에서 배우다

01
감정의 표현을 자제하라

순욱

．

감정 변화를 숨기지 못해 자신을 지키지 못하다

앞서 조조의 두 번째 고굉지신으로 군략가 순욱을 이야기했다. 인재의 추천을 통해 자신을 지지하는 세력을 만들고, 그로 인해 얻은 신뢰를 바탕으로 조조의 정치적인 기반을 탄탄하게 만들었다. 그러나 그러한 순욱도 결국엔 파탄에 이른다.

원씨를 타도한 뒤 조조가 자신의 군주권력 강화를 목적으로 재능으로만 인재를 선별하는 등 여러 정책을 시행하고, 공융과 허유를 비롯한 몇몇 명사들을 죽이자 이에 불만을 품은 순욱과 조조의 관계는 차츰 악화되었다. 특히 208년, 적벽에서 패한 조조가 중국통일보다 한나라를 대신할 위魏의 건국을 우선하자 두 사람 사이의 균열은 더욱 커졌다.

그 때문인지 《삼국지》와 《삼국지연의》 모두 적벽대전을 전후로 해서 순욱의 등장이 뜸해지다가 적벽대전이 끝난 후에는 거의 등장하지 않는다. 그리고 죽기 직전인 212년에 등장한다.

212년, 동소董昭37를 비롯한 신하들이 조조의 작위를 국공國公으로 승진시키고 구석의 예물을 갖추어 그의 뛰어난 공훈을 표창해야 한다고 주장하며 위공으로 추천하기 전에 순욱의 자문을 구했다. 그러자 순욱은 "조조가 본래 의로운 군대를 일으킨 것은 조정을 바로잡고 국가를 안정시키기 위함이며 충정의 진실을 품고서 물러나 사양하는 인품을 지켜야 한다. 그래서 군자는 사람을 사랑함에 있어 덕망으로 해야지 그처럼 해서는 마땅하지 않다"라고 비난하며 불쾌한 감정을 그대로 드러냈다.

그로 인해 조조와 순욱의 대립은 더욱 결정적이 되었다. 그리고 그해에 순욱은 손권 토벌길에 오른 조조에 의해 죽음으로 몰린다.

결과만 본다면 순욱은 한나라를 지키기 위해 죽었다. 순욱은 유교의 가르침에 따라 한나라의 충신으로서 한나라를 위해 목숨을 바쳤다. 《후한서後漢書》〈순욱전荀彧傳〉은 이렇게 묘사했다. 그의 죽음에 대해서도, 조조가 순욱에게 빈 찬합을 보내어 '너는 더 이상 필요 없다'라는 뜻을 보여서 자살로 몰아넣었다고 명기했다.

그러나 제갈량과는 달리, 모든 사람이 순욱을 한나라의 충신으로 인정하는 것은 아니다. 조위를 정통으로 하는 진수의 《삼국지》는 순욱을 한나라의 충신으로 그리지 않았고, 그의 죽음 역시 '우사憂死, 분을 품고 죽음'라고 적는 데 그친다.

순욱은 '자방장량'에 비견되었기 때문인지, 조조에게 계책을 올릴 때 조조를 유방에 비유하며 헌책獻策할 때가 많았다. 그때 순욱은 헌제를 의제義帝로 바꾸어 칭했다. 의제는 진나라에 반란을 일으킨 항우項羽와 유방이 자신들의 정통성을 확보하기 위해 옹립한 황제로, 항우의 손에 살해되었다. 그 의제를 헌제에 비유한 행동은, 조조를 설득하기 위해서였다고는 하나 한 제국을 경시하고 조조를 정통화하려 한 셈이 된다. 따라서 《후한서》에서 그랬듯이 순욱을 한나라의 충신이란 위치에 놓기는 힘들다.

분명 순욱은 위의 건국을 저지하다가 결국은 죽임을 당했다. 그러나 한나라를 위해서가 아니라면 순욱은 왜 죽어야 했을까.

결론부터 말하면, 조조와 순욱이 지향하는 국가상이 서로 달랐기 때문이다. 순욱이 추구한 이상은, 지식인들이 가치관의 중심으로 삼은 유교 원리로 운영되는 '유교국가'의 재건이었다. 그렇기 때문에 한나라의 부흥을 기본방침으로 세웠다.

그러나 한나라는 과연 다음 시대를 짊어질 '유교국가'로서 충분히 기능할 수 있을까. 이 같은 기본방침의 한계는 순욱이 줄곧 떠안아야했던 고뇌였다. 끝까지 한나라의 부흥이란 이념에 목숨을 걸었던 제갈량과 비교하면, 현실에 적응하려 했던 순욱의 고통이 한층 더 두드러진다.

반면 조조는 와해된 후한 '유교국가'의 단순한 부흥이 아니라, 유교와 상관없이 자신의 군주권력을 확립할 수 있는 새로운 국가를 목표로 삼았다.

순욱은 고굉지신이면서 동시에 군략가였다. 순욱의 비극은, 군략가로서 결정한 '한 황실 부흥'이라는 기본방침에서 조조가 벗어나려 했다는 데 있다. 그리고 이 무렵 고굉지신으로써 완성한 영천그룹이란 정치적 기반이 지나치게 강대해진 탓에 조조에게 위협이 되었다. 또한 조조에 대한 순욱의 반감이 그대로 드러났다.

이것이 고굉지신 순욱이 살해되어야만 했던 이유다.

공융

■

신뢰관계가 없는 리더의 잘못을 지적하다

절함折檻**38**이란 말이 있다.

전한 말기 성제成帝 때, 훗날 전한을 멸망시키는 왕망의 가문인 왕씨 일족이 권력을 쥐고 흔들어 국정이 어지러웠다. 왕씨를 비판하는 말을 들은 성제는 자신의 스승인 장우張禹에게 자문한다.

장우는 왕씨의 권세를 두려워하여 왕씨에게는 잘못이 없다고 답했다. 그래서 왕씨는 아무런 질책을 당하지 않았다. 그러나 용감하기로 이름난 주운朱雲이란 인물이 성제에게 알현을 청했고, 주운은 어전에서 이렇게 진언했다.

참마검斬馬劍, 한나라를 건국한 유방이 사용한 보검을 빌려 주시면 간신奸臣을 참하여 본보기로 삼게 하겠습니다.

왕씨에게 아첨하는 장우를 베겠다는 뜻이다. 스승을 간신이라고 하는 말에 노한 성제는 즉시 주운을 참수하라고 명령했다. 어사御史, 관리의 죄를 규명하는 관리가 주운을 어전에서 끌어내리려 하자 주운은 난간檻을 붙잡고 매달리며 간절히 말했다.

제 목숨은 어찌 되어도 좋습니다. 오로지 전하의 치세가 어떤 끝을 맞을지 염려될 뿐입니다. 부디 명찰明察하시옵소서.

함檻이란 '난간'을 말한다. 어사가 힘을 주어 주운을 잡아당기자 난간이 부러지며 두 사람 모두 계단 밑으로 떨어졌다. 이 모습을 보고 있던 장군 신경기辛慶忌가 죽음을 각오하고 주운을 변호했다. 그의 말을 들은 성제는 주운의 처벌을 단념한다. 뒤에 종자가 부러진 난간을 고치려하자, 성제가 이렇게 명했다.

난간檻은 고치지 않아도 된다. 직언을 올린 선비가 있었다는 증표로 그대로 놓아 두어라.

'절함'이란 말은 이 고사에서 나왔다.
원래 절함은, 주운이 행했듯이 강하게 간언한다는 뜻이다. 현재는 '엄하게 꾸짖는다'라는 의미로 주로 사용하여 원래의 뜻과는 많이 바뀌어 사용된다. 그러나 고사성어로 전해졌다는 데서 알 수 있듯이, 예부터 중국에서는 군주가 간신諫臣의 간언에 귀 기울이는 행위를 미덕으로 여겼다.

간신은, 군주에게 원리와 원칙을 말해서 군주의 전제화나 폭주를 막으려는 신하다. 그러나 군주의 미덕과는 상반되게, 간언을 듣지 않고 간신을 죽여 버린 군주가 많다. 위의 공융孔融 역시 조조에게 죽임을 당한 간신이다.

공융은 공자의 20세손이며, '건안칠자建安七子'[39] 중 한 명으로 문장의 명수였다. 후한 말에 전권을 휘두르던 동탁은 공융을 껄끄럽게 여겨 황건적의 거점 중 한 곳인 청주靑州의 북해국상北國相으로 보내 버린다. 공융은 황건적과 싸우는 한편 교육을 존중하여 학교를 부흥시켰다. 공자의 자손다운 행동이었다.

그러나 결국 싸움에 패하고 허로 불려와 헌제를 모시게 된다. 그 때문에 한나라의 국정을 좌지우지하는 조조에게 유교에 근거한 간언을 거듭했다.

조조가 원상을 격파했을 때의 일이다. 조조의 아들 조비는 원희의 처 견씨甄氏를 빼앗아 아내로 삼았다. 이에 공융은 조조에게 편지를 보내어 통렬하게 비판한다.

주 무왕은 은 주왕紂王. 폭군으로 유명한 은나라의 마지막 왕을 토벌한 뒤 희대의 악녀로 이름 높은 달기妲己를 주공에게 하사했습니다.

조조는 그런 이야기를 들은 적이 없어서 의심스럽게 여겼지만, 공자의 자손이 하는 말이기에 신용하고 "그 이야기는 유교의 어느 경전을 전거典據로 하는가"라고 물었다.

그러자 공융은 태연히 대답했다.

지금의 일로 과거를 추측했을 뿐입니다.

패자의 처를 약탈한 조비를 비웃은 것이다. 이래서야 간언이라기보다는 비아냥거림에 가깝다.

기근과 전쟁이 계속되자 조조는 곡물 소비를 억제하기 위해 금주령을 포고하는데, 공융은 여러 번 편지를 보내어 반대했다. 이때도 조조를 모욕하는 오만한 말을 늘어놓았다고 한다.

《후한서》에 따르면, 공융은 한나라의 찬탈篡奪, 나라를 빼앗음을 획책하는 조조가 그 사실을 은폐한 데 대해 과격한 조롱을 퍼부으며 대항했다고 한다. 공융을 두둔한다는 인상이 강하긴 하지만, 사실이 그랬을 것이다.

문제는 공융의 간언은 조조와의 신뢰관계가 없는 상태에서 행해졌다는 점이다. 신뢰관계가 없는 간언은 듣기 거북한 잔소리일 뿐이다. 그래서 조조에게 죽임을 당했다.

《삼국지연의》에서 공융은 조조의 유비토벌에 반대하다가 살해된다.

영화 〈적벽대전〉의 제일 첫 장면에서도 이 일화를 묘사한다. 간신을 죽이는 조조의 패악함을 보여주기 위해서다.

군주와 신뢰관계가 없는 간신의 생명은 늘 위태롭다. 그럼에도 군주에게 간하지 않을 수 없다. 충신으로서의 사명감이 그들을 움직이기 때문 아닐까.

장소

■

몸에 좋은 보약도 쓰기만 하면 먹지 않는다

손권에게 간언을 계속한 장소는 자가 자포子布이고 팽성彭城 사람으로 장굉과 함께 손책에게 출사하여 장사 및 무군중랑장을 역임하였다. 후에 손책이 임종할 때 장소에게 손권을 부탁하며 이렇게 말했다.

만일 중모仲謀가 일을 맡을 수 없다면 그대가 곧 스스로 권력을 취하시오.

유비가 제갈량에게 남긴 '난명'과 똑같았다. 물론 장소는 이 말대로 실행하지 않았다. 대신에 손권을 옳은 길로 인도하기 위해 직언과 간언을 아끼지 않아 손권은 그를 두려워하고 꺼려했다.

그런 장소 역시 삼국지를 대표하는 간신이다. 하지만 적벽대전 때 조조에게 항복할 것을 주장한 장소를 손권은 그 이후로 신뢰하지 않았다. 그래도 장소의 간언은 멈추지 않았다.

손권의 호랑이 사냥을 통렬히 비판하고, 한심한 주연酒宴은 출석을 거부하여 중지시켰다. 조위가 파견한 사자의 무례를 압도했으며, 주나라와 한나라를 규범으로 삼아 손오 조정의 의례를 갖추어 나갔다.

유교를 중핵으로 삼은 그의 삶에서 손오의 신하들은 규범을 보았다. 군주인 손권을 능가하는 그들의 지지가 장소의 간언을 떠받치는 힘이었다.

조위의 압박을 받고 있던 요동의 공손연이 손오로 귀순하겠다고 하자, 손권은 기뻐하며 공손연을 연왕에 봉하고자 했다. 이때 장소는 "공손연은 신뢰할 수 없습니다"라며 완강히 반대했다. 그러나 손권은 장소의 간언을 듣지 않고 결국 동맹을 위해 사자를 파견한다.

간언을 무시당한 장소는 분노하고, 병을 이유로 출사하지 않게 된다. 그 태도에 화가 난 손권은 장소 집의 문을 흙으로 막아 두 번 다시 밖으로 나오지 못하도록 했다. 손권의 처사에 역시 머리끝까지 화가 난 장소가 다시 문 안쪽에서 흙을 쌓아서, 스스로 이를 헐고 출사할 일은 없을 것임을 태도로 보였다.

이 대목에서, '절함'의 고사 속 주운의 전통을 계승하여 목숨을 걸고 군주의 잘못을 바로잡으려는 간신의 자세를 볼 수 있다.

장소의 예견대로 공손연은 손오의 사자를 죽여서 손권을 배신했다. 그제야 비로소 자신의 잘못을 깨달은 손권은 직접 장소의 집 앞으로

가 사과하며 다시 출사하라고 불렀다. 그러나 장소는 병을 이유로 응할 기색을 보이지 않았다.

애를 태우던 손권은 문에 불을 질러서 장소를 위협하지만, 장소는 더욱 굳게 문을 걸어 잠글 뿐이었다. 그러다가 간신히 장소의 아들이 장소를 안고 밖으로 나오자, 손권은 자신의 마차에 장소를 태우고 궁중으로 데려가서 깊이 사죄했다고 한다.

이때 손권을 대하는 장소의 태도는 간신으로서 옳지 않다. 군주의 면전에 나가지 않으면 간신은 역할을 다할 수 없다. 간신의 사명은 군주의 잘못을 바로잡는 데 있다. 군주를 압도하면서까지 자기주장의 정당성을 어필하는 행동은 군주권력을 위협한다. 또 군주를 구석으로 몰기 때문에 역효과를 낼 수도 있다.

손권이 장소와 논쟁을 계속하면 할수록 장소의 생각은 더욱 간곡했고, 이에 감당할 수 없게 된 손권은 노여워하며 칼을 만지고 이렇게 힐문한다.

> 오나라 사인들은 궁중에 들면 나에게 고개를 조아리지만, 궁궐을 나가서는 그대에게 절하오. 나의 그대에 대한 존경도 지극하오. 그러나 그대는 나를 종종 중신들 앞에서 몰아붙이고 모욕하였고, 나는 늘 계책을 잘못 세워 그대를 죽이게 될까 걱정했소. 이래서야 나라를 망치는 행동이 아니겠소.

손권의 이 말에서 장소가 간신의 영역을 넘어 군주를 압박했음을 엿볼 수 있다.

손오의 신하들은 군주로서 손권이 지닌 권력과 간신인 장소의 권위를 동등하게 보고 있었다. 아니, 오히려 장소를 위에 놓았다고 하는 편이 옳다. 이런 상황에서 군주권력이 확립될 리 없다.

손권은 이 일이 있은 뒤 군주권력을 강화하려 노력했으나, 후계자다툼을 초래이궁사건二宮事件[40]하여 나라를 약체화시키고 만다. 이는 장소의 지나친 태도가 불러들인 혼란이라 봐도 좋을 것이다.

02
좋지 않은 성격은 숨겨라

하후연

■

직위에 안 맞는 행동으로 빈틈을 보이다

무장은 개인적인 무용이 남보다 뛰어난 경우가 많다. 그러나 아무리 강하다 해도, 몇 만이나 되는 병사의 목숨을 책임지는 사령관으로서 선두에 서서 싸우는 일은 피해야 한다. 사령관에게 만일의 사태가 벌어진다면 그 군대는 반드시 패하고 수많은 병사들은 죽음으로 몰린다. 《손자》에서도 장수의 '오위五危, 5가지 위험한 행동' 중 첫째를, '필사가살야必死可殺也, 필사적이 되어 무리한 짓을 저지르는 장수는 죽임을 당할 수 있다'라고 되어 있다. 조조는 이 '필사必死'에 주를 달아, "용기는 있으나 책략이 없는 것"이라고 설명했다.

'맹장'은 전투 본능을 드러내놓고 싸우며 일직선으로 적진을 공략하는 장수다. 연극이나 영화에서는 가장 화려하고 장군답게 표현되는 '맹장'이지만, 무장으로서의 평가는 결코 높지 않다.

2장 생존의 지혜, 실패에서 배우다 | 133

하후연夏候淵은, "장수는 필부의 적匹夫之敵, 한 사람을 상대로 하는 병졸이어서는 안 된다"라는 조조의 가르침을 어기고 '필사'적으로 싸우다 패사敗死한다. 그 결과 조조는 한중을 잃었다. 이에 반해, '만인의 적萬人之敵, 만 명에 필적한다'이란 평가를 받은 장비는 《삼국지연의》에서 '맹장'의 이미지를 증폭시켰으나, 나이를 먹을수록 단순한 '맹장'에서 벗어나 성장해간다.

조조의 조부인 조등曹騰은 환관이었기에, 하후씨에서 조조의 아버지인 조숭曹嵩을 양자로 들였다. 조숭의 조카가 하후돈이며, 하후돈의 족제族弟가 하후연자는 묘재妙才이다.

하후연은 조조가 고향에서 죄를 지었을 때 조조 대신 벌을 받았고, 조조가 거병하자 별부사마別部司馬와 기도위騎都尉가 되어 각지를 전전했다.

관도대전에서 독군교위로 활약하며 원소를 격파한 이후에는 연주, 예주, 서주의 군량을 도맡아 관리하여 군에 보급했다. 하후돈이 거점을 지키고 하후연이 군량을 운반한다. 두 명의 하후 장군이 조조군을 지탱했다.

다만 신중한 성격의 하후돈과 달리, 하후연은 용맹하여 선두에 서서 싸우는 '맹장'이었다. 군중어軍中語, 군대 내에서의 인물 평가에서 "전군교위典軍校尉 하후연은 사흘에 500리(약 200km), 엿새에 1,000리(약 400km)를 간다"라고 평했을 정도로, 적의 허를 찌르는 급습을 장기로 했다.

조조의 세력이 확대되면서 모든 군을 조조가 통솔하는 일은 불가능해졌다. 조조는 하후연이 방면군 사령관으로 성장하기를 바라는 마음에서, 마초馬超와 싸운 위수전투(211)가 끝난 뒤 하후연에게 양주 평정이라는 큰 임무를 맡겼다.

하후연은 한수군의 주력인 강족의 거류지를 공격하는 계략으로, 마초가 한중으로 달아난 뒤에도 저항을 계속하고 있던 한수를 꾀어내어 격파하고 양주를 평정했다. 조조는 강족의 알현을 받을 때면 하후연을 동석시켜서 강족을 위압했다고 한다. 그 정도로 하후연의 위명은 강족 사이에서 드높았다.

조조가 한중의 장로張魯**41**를 토벌할 때 하후연은 양주의 정병을 이끌고 참가했고, 장로가 항복한 뒤에는 한중 수비를 명령받았다. 이때 유장劉璋의 항복을 받아 익주를 취한 유비가 익주의 급소인 한중을 공략하려 했다.

한중의 서쪽에 위치한 요충지 양평관陽平關을 굳게 지키는 하후연에 맞서, 유비는 황충黃忠을 정군산定軍山에 포진시켜서, 강을 사이에 두고 한중 분지를 살피는 형세를 취했다. 야습을 당한 하후연은 정예병을 이끌고 장합과 함께 그 뒤를 쫓아 유비군과 교전한다.

《삼국지》〈황충전黃忠傳〉에 따르면, 산중턱에서 대기하고 있던 황충은 큰 북을 일제히 울리며 성난 파도처럼 언덕을 내리닫고 쇄도하여 하후연을 격파했다고 한다. 《삼국지연의》는 여기에 법정이 산 위에서 지휘했다는 각색을 추가한다. 그러나 《삼국지》〈하후연전夏候淵傳〉에 기록된 마지막 전투의 양상은 〈황충전〉과는 달리 기록되어 있다.

유비가 한밤중에 하후연의 진영을 포위하고 불을 질렀다. 하후연은 장합에게 동쪽 경계선의 울타리를 지키도록 하고, 자신은 가볍게 무장한 병사들을 이끌고 남쪽 경계선의 울타리를 지켰다. 유비가 장합에게 싸움을 걸었는데, 장합의 군사가 불리했다. 하후연은 자신이 이끌던 병사들을 반으로 나누어 장합을 도왔으나, 유비에게 습격당하여 마침내 전사했다. 시호를 민후愍侯라 했다.

다시 이야기하자면 유비의 습격을 받아 군사를 나누어 방어했는데 장합이 위기에 놓이자 군사를 쪼개어 더 보낸 것이다. 그리고 그 틈을 노려 황충이 급습하여 살해당했다. 당시 하후연이 거느린 병사는 고작 사백, 자신의 무력을 과신했다고 해도 할 말이 없을 정도로 적은 숫자였다.

결국 하후연은 전군을 지휘해야 하는 사령관임에도 불구하고 얼마 안 되는 병사만 데리고 휘하 부장이 해도 될 일인 울타리를 보수하러 갔다가 기습을 받아 참살되었다. 하후연의 전사 통지를 받은 조조는 말을 잇지 못한다. 그리고 슬퍼하며 군령을 발포發布했다.

사령관은 자중하여 직접 무기를 들고 싸우는 일에 신중해야 하는 법이다. 더군다나 녹각鹿角, 사슴뿔처럼 얼기설기 짜놓은 울타리의 수리 따위는 사령관이 할 일이 아니다.

일찍이 조조는 하후연에게, "사령관에게는 겁쟁이가 되어야 할 때도 있다. 용맹에만 의지하는 자는 일개 필부의 적일뿐이다—匹夫敵耳"라는 훈령을 내렸다.

하지만 '맹장' 하후연은 이를 지키지 못했다. 직위에 어울리지 않은 사소한 일에 얽매인 결과 병사를 이끄는 장수로서가 아니라 '필부의 적'으로서 황충의 칼에 목숨을 잃은 것이다.

장비

●

성격을 고치지 않아 변을 당하다

거병 시부터 관우와 함께 유비를 따른 장비자는 익덕益德, 《삼국지연의》에서는 익덕翼德는, 조조의 군사 정욱이 '만인의 적萬人之敵'이라고 평가한 '맹장'이다. 현대 중국에서는 같이 술을 마시고 싶은 인물 1위로 당당히 뽑히기도 했는데, 이는 역사 속의 장비가 아니라 대주가에다 실패만 거듭하는 《삼국지연의》속 장비가 사랑받고 있기 때문이 아닐까.

관우는 존경을 받고 장비를 사랑을 받는다.

이 둘의 역할 분담은 영화 〈적벽대전〉에서도 답습한다. 싸움을 끝낸 관우의 모습은 좌중을 압도한다. 반면 장비가 맨손으로 적을 쫓아버리면 관객들 사이에서는 웃음이 터진다. '맹장' 장비의 이미지는 지금도 증폭 중이다.

《삼국지연의》에서의 엄청난 활약에 비해 《삼국지》〈장비전張飛傳〉의 기록은 미비하기 이를 데 없다. 유비가 거병했던 초기 관우와 함께 유비를 따랐으며 여포를 공략한 이후 허도로 돌아갔을 때 조조가 중랑장으로 임명했다고 한다. 이후 《삼국지연의》에서도 나오는 장판에서 기병 20기와 함께 조조의 군사를 막아내기 전까지 기록이 없고, 그 이후부터 《삼국지연의》와 크게 다르지 않다. 여기에 장비가 술을 좋아해서 일을 그르쳤다는 이야기는 없고, 군자를 아끼고 존경했다고 한다. 다만 성정이 포학하고 은혜를 베풀지 않았기 때문에 부하들이 무서워했다고 한다.

건안 13년(208)에 화북을 통일한 조조가 형주로 남하하는데, 공교롭게도 그 시기에 맞춰 형주목 유표가 병사하자 수하 채모는 유표의 차남 유종을 후계로 세운 뒤, 객장 신분으로 최전선 신야에 나가 있던 유비에게는 아무런 통보도 없이 조조에게 항복했다.

그 결과, 느닷없이 조조의 공격을 받은 유비는 남쪽 강릉을 향해 도주한다. 그러나 유비를 따르는 백성들이 속속 합류하였고, 당양當陽에 이를 무렵에는 그 수가 10만이 넘게 불어나서 행군 속도가 늦어질 수밖에 없었다. 이에 조조는 기병을 엄선하여 유비를 맹렬히 추격했고, 유비군을 장판성에서 따라잡아 철저하게 무찔렀다.

패전하는 유비군의 후미를 맡은 장비는 고작 20기만 이끌고 장판교에서 조조군을 막아선다.

나는 장익덕이다. 덤벼라. 목숨을 걸고 싸워 보자.

겁을 집어먹은 조조군에서는 나서는 자가 한 명도 없었다고 한다. 《삼국지연의》와 《삼국지》 모두에 명기된 '맹장' 장비의, 일생일대의 무대였다.

설화의 대본臺本, 저술의 토대가 되는 책을 바탕으로 정리하여, 원나라의 지치 연간至治年間(1321~1323)에 간행된 《삼국지평화》에서는 이 장면을 다음과 같이 묘사한다.

장비가 장판교에서 조조군을 향해 일갈하였는데 그 소리는 마치 우레가 치는 듯하였고, 그 여파로 다리가 무너져 내리자 조조군은 두려워하며 30리(약 12km)리 밖으로 물러났다.

백성이 사랑하는 '맹장' 장비의 호쾌한 활약이 여기에 있다. 다리를 무너뜨릴 정도로 큰 호통소리는 영화 〈적벽대전〉에서도 그대로 표현되었다. 역시나 사실史實을 중시하는 《삼국지연의》에서는 호통 한 번 쳤다고 다리가 무너지지는 않지만, 장비는 이후로도 줄곧 '맹장'으로 묘사된다.

그러나 역사 속의 장비는 무력일변도의 '맹장'을 머지않아 졸업한다. 익주를 지배하는 유장과의 싸움에서 고전하는 유비를 돕기 위해 원군으로 나선 장비는, 유장의 파군巴郡 태수 엄안嚴顔을 격파하고 생포했다. 당시 엄안은 적에게 잡혀서도 죽음을 두려워하지 않았다.

우리 주州에는 머리가 잘리는 장수는 있어도 항복하는 장수는 없다.

그러면서 눈 하나 깜짝 않고 목을 베라 했는데, 장비는 이런 엄안의 기개를 높이 사서 빈객으로 삼았다. 이 일을 계기로 유장의 장수들 중에서 항복하는 자가 잇따르면서 유비는 익주를 지배하게 되었고, 장비는 파서巴西 태수가 되었다.

관우가 그랬듯이 적의 절개를 인정하는 '의장'으로 성장한 장비는, 한중쟁탈전에서는 정예 만 명을 이끌고 탕거宕渠로 진군하여 위의 명장 장합과 50일 동안 대치하게 되는데, 결국 다른 가도로 공격을 감행하여 와구瓦口에서 장합을 무찔렀다.

유비가 한중왕이 되면서 우장군右將軍으로 삼고 가절假節, 군령 위반자를 벌할 수 있다을 주었으며, 제위에 올랐을 때는 거기장군車騎將軍이 되었다가 사예교위를 겸한 뒤 서향후西鄕侯에 봉해지는 등 신하로서 최고의 지위에 오른다.

하지만 이때 장비는 우울해하며 즐거워하지 않았다. 전년에(219) 형주에서 관우가 오에 살해당했는데도 그 원수를 갚지 못했기 때문이다.

마침내 유비가 오의 정벌을 결단하자, 낭중閬中을 지키고 있던 장비는 병사 만 명을 이끌고 낭중을 나와 강주江州에서 합류하기로 한다.

그러나 병사에게 은혜를 베풀지 않았던 장비는, 관우의 복수를 하러 출발하기 직전 부하인 장달張達과 범강范疆에게 암살되었다.

장비의 부하에게서 상주문이 도착했다는 말을 들은 유비는, "아, 장비가 죽었구나!"라고 탄식했다.

이전부터 유비는 장비의 성정이 포학하여 병사들을 학대하자 늘 이 점을 경계하여 조언했다.

> 그대는 형벌에 따라 사람을 죽이는 것이 벌써 지나치고, 또 매일 병사들을 채찍질하여 다스리면서도 그들을 측근으로 임용하고 있으니 이는 화를 부르는 길이다.

결국 장비는 이를 깨우치지 못하고 고치지 않아 유비의 말대로 부하에게 화를 입게 된 것이다.

두 '맹장'의 죽음을 대하는 각 군주의 대응도 흥미롭다. 하후연의 죽음에 말을 잊은 조조와, 부하가 상주문을 올렸다는 말만으로 장비의 죽음을 예상한 유비, 군주로서 신하를 깊이 이해하고 있었던 쪽은 유비였다.

공손찬

■

상대를 얕잡아 보다 패하다

공손찬은 현재의 북경을 중심으로 하는 지역인 유주幽州 출신이다. 유주는 서쪽에 위치한 양주涼州와 나란히 북방 기마민족과 강한 연계를 맺은 지역이었다.

유주 북방을 거점으로 하는 기마민족 오환烏桓**42**은, 몽골고원의 패자인 흉노에 대항하기 위해 한나라와 협력관계를 유지하고 있었다. 한나라에서 물자를 받는 대신 무력을 제공했던 것이다. 후한을 건국한 광무제 유수의 밑에서 가장 강력한 군대를 이끌었던 오한吳漢은 오환족을 중핵으로 하는 기병부대 '유주돌기幽州突騎'를 이끌었는데, 가는 곳마다 대적할 자가 없을 정도로 강했다고 한다.

이 '유주돌기'의 전통을 이으려 했음인가, 원소와 다툰 계교전투界橋戰鬪에서 공손찬군의 편성은 보병 3만에 기병이 1만이었다는 기록이 전해진다.

보병과 기병의 구성비가 3대1로, 기병의 비율이 비정상적으로 높다. 하북黃河 북안 지역을 지배한 원소가 관도대전에 동원한 병력이 보병 10만에 기병 1만으로, 양자의 비율은 10대1이다. 이 정도가 당시 하북의 표준적인 군대편제였던 것으로 보인다. 이에 비해 손책이 오군을 제압했을 때(196), 주유와 정보程普, 여범에게 각각 보병 2천과 기병 오십을 내줬다. 비율은 40대1. 장강 유역에서 기병을 모으기가 얼마나 힘든 일이었을지 짐작이 간다.

후한 말에 유주목幽州牧이 된 유우劉虞는 이 정도로 군사적 우위를 지닌 땅을 지배하면서도 오환 등의 군사력을 이용하여 난세를 평정하려 들지 않았다. 이 때문에 부하인 공손찬은 유우와 격렬하게 대립한다.

결국 공손찬은 군사력을 확립하기 위해, 오환족을 편입하여 백마로 이루어진 기병부대 '백마의종白馬義從'을 만들어 그 위용을 드러냈다. 일반 말보다 고가인 백마로 부대를 구성할 수 있었던 재력은 공손찬과 의형제를 맺은 상인이 제공했다. 공손찬을 형님으로 모신 유비 역시 마상인馬商人의 자금 원조로 거병했고, 여포에게 패한 뒤에는 서주에서 대상인 미축의 원조를 받아 다시 힘을 회복한다. 군사력을 유지하는데 경제력은 불가결했다. 특히 말이 비싸다 보니 '백마의종'은 공손찬의 재력을 과시하는 역할까지 하였다.

결국 대립 끝에 유우를 무고하여 참수한 공손찬에게 남은 숙적은 원소였다. 공손찬이 청주의 황건적을 토벌한 뒤 칼끝을 돌려 원소의 본거지로 침입하자, 원소도 맞서 출진하여 두 사람은 계교界橋에서 정면으로 마주쳤다.

원소는 미끼 부대로 '백마의종'을 상대케 했다. 이를 얕잡아 본 공손찬은 적의 계략을 헤아려보지도 않고 '백마의종'에게 돌격을 명했다. 둘 사이의 간격이 불과 수십 보 거리로 좁혀졌을 때, 그때까지 방패 밑에 숨어 있던 보병들이 별안간 함성을 지르면서 돌진했고, 강노强弩가 일제히 발사되었다. '백마의종'은 장군 엄강嚴綱 이하 천여 명이 토벌되는 큰 손실을 입었다.

북방 유목민족의 기병에 대항하기 위해 한나라가 고안한 병기가 강노다. 기병은 빠른 속도 때문에 일반 활로는 맞추기가 어렵다. 강노는 현재의 소총과 활이 합체한 듯한 외관을 하고 있는데, 끝에 달린 페달을 발로 밟아서 시위를 당긴 뒤, '기機'라고 부르는 방아쇠를 사용하여 화살을 발사하는 활이다. 손으로 당기는 활에 비해 관통력이 높고 사정거리도 길기 때문에 기병의 활 사정거리 밖에서 상대 기병을 제압할 수 있다.

원소의 본거지인 기주冀州에는, 황하를 끼고 남쪽에 위치한 수도 낙양을 지키기 위해 '기주강노冀州强弩는 천하의 정병精兵'이라 회자되던 당시 최강의 강노부대가 배치돼 있었다. 원소는 이 강노부대를 준비하고 공손찬을 기다렸던 것이다.

반면에 공손찬은 상대의 비장의 수를 꿰뚫어보지 못하고 얕잡아 본 채 자신이 자랑하던 기병을 이끌고 공격을 감행했다. 원소가 물러나는 것을 '백마의종'의 위력에 눌린 것으로 판단하여 돌진했다가 함정에 빠져 막대한 피해를 입게 된다.

기선이 제압된 공손찬은 이후 계속된 원소와의 전쟁에서 이득을 보지 못하면서도 원소의 장점을 인정하지 않고, 그에 대한 대처를 소홀히 한다. 그러다 끝내 원소에게 패퇴되어 근거지인 역경에서 자살로 생을 마감한다.

강노는 당시의 보병이 기병에 대항하기 위한 최강의 병기였다. 뒤에 제갈량이 개발한 연노連弩는 강노를 연발식으로 개량한 것이다.

03
동료와 척을 지지 마라

관우

■

지나친 오만함에 동료가 등을 돌리다

관우는 장비와 함께 유비를 지탱한 고굉지신인데, 이들의 인연은《삼국지연의》에서 '도원결의桃園結義'로 표현된다. 여기서의 '의'는, 이들 세 명이 한나라의 부흥을 위해 죽을 때까지 함께 싸운다는 의형제의 서약을 맺은 일을 가리킨다.

실제 역사에서 관우가 조조에게 그의 '의'로움을 평가받은 시기는 건안 5년(200)이다. 서주에서 패한 유비가 원소 밑으로 도망가고, 관우가 유비의 처자식을 지키기 위해 조조에게 항복한 뒤의 일이다.

관도대전의 전초전인 백마전투에서 원소군의 맹장 안량顔良을 베어 조조의 은혜에 보답한 관우는 한수정후漢壽亭侯에 봉해지지만, 관우는 하사품을 모두 봉인하고 도망친다. 조조는 추격하려는 측근들을 달래며 말했다.

그는 그의 입장에서 주군을 위해 행동하고 있다. 뒤를 쫓아서는 안 된다.

적인 조조에게 '의'롭다는 평가를 받은 관우를 위해 《삼국지연의》는 수많은 허구를 지어내어 그의 의를 강조했다. 그중에서도 관우의 의가 가장 돋보이는 부분은 제50회 〈관운장, 의로써 조조를 놓아주다關雲長義釋曹操〉다.

제갈량은 적벽에서 패퇴한 조조의 퇴로를 예측하여 그곳에 조운과 장비를 복병으로 배치한다. 이들에게 처참하게 패한 조조는 화용도華容道에서 기다리고 있던 관우와 마주친다. 피폐한 군을 이끌고 있던 조조는 죽음을 각오하지만, 정욱은 조조가 일찍이 관우에게 베푼 은혜에 매달려야 한다고 권고한다.

조조는 수긍하더니, 그 즉시 말을 몰아 운장雲長. 관우의 자에게 다가가 가벼운 고갯짓으로 인사한 뒤 말했다.
"장군께서는 그 뒤 별고 없으신가?"
운장도 목례로 받았다.
"이번에는 군사의 명을 받아 이곳에서 오랫동안 승상을 기다리고 있었습니다."
"나는 이번 전투에서 패해 병사를 잃고 이런 궁지에 몰렸으나, 장군은 지난날의 정의情義를 보아 이 자리를 못 본 체 해주길 바라오."

"승상께 후은厚恩을 입기는 하였으나, 이미 안량과 문추文醜를 베어 백마에서의 위기 때 구해드린 것으로 그 은혜는 갚았습니다. 오늘은 사사로운 감정이 허용되지 않습니다."

"그대가 다섯 관문의 수장守將을 베었던 일을 아직 기억하시는가. 대장부된 자는 신의를 중시하는 법.《춘추》에 조예가 깊은 그대이니, 유공지사庾公之斯가 자탁유자子濯孺子를 쫓을 때의 일을 아시겠지."**45**

운장은 의를 중시하는 일을 산처럼 여긴 사람이었기에, 과거 조조에게 받은 숱한 은혜, 그리고 오관의 수문장들을 참한 일을 떠올리고는 마음이 흔들리지 않을 수 없었다. 게다가 조조의 군세가 전전긍긍하며 눈물을 글썽이는 모습을 보고 있자니 측은지심惻隱之心을 금할 길이 없었다.

그래서 말머리를 돌려 부하들에게 흩어지라고 명령했다. 말할 것도 없이 조조를 놓아주려는 마음에서였다.

조조는 운장이 말을 돌리는 모습을 보자 한시도 지체하지 않고 대장들과 함께 일제히 도망갔다.

'의'는 타인과의 관계에서 성립한다. '충의忠義'라고 병칭되는 이유는, 군주라는 타인을 위해 생명을 내던지는 행동이 충인 동시에 '의'이기 때문이다. 하지만 충을 위해 행하는 의는 광채가 약하다. 충의의 주변에는 군주와 사회가 가하는 압력이 어른거리기 때문이다.

이에 비해 관우가 목숨을 버리고 구한 조조는 적이다. 타인 중에서도 가장 먼 존재며, 인仁이 미칠 범위가 아니다.

공자는 《논어論語》〈위정편爲政篇〉에서 '견의부위무용야見義不爲無勇也, 의를 보고도 행하지 아니하는 것은 용이 없음이다'라고 말했다.

적을 구하려면 목숨을 걸어야 한다. 용勇이 없으면 의를 완수할 수 없다. 무용이 뛰어난 관우였기에 조조와의 '신의'를 보이기 위해 자신의 목숨을 걸 수 있었다. 그렇기 때문에 '의장' 관우의 모습은 화용도에서 가장 빛난다.

《삼국지연의》가 성립되었을 때 관우는 이미 신으로 신앙의 대상이었다. '의장' 관우라면, 생판 남이라 하더라도 신의로 맺어진 자는 꼭 구해줄 것이다. 관제신앙이 해외 화교사회에서 중핵을 차지한 이유는 《삼국지연의》가 관우를 '의장'으로 묘사한 것과 무관하지 않다.

이렇게 신으로 추앙받는 관우이지만 동료와의 관계를 개선하지 못하여 끝내는 전쟁에서 패하고 목숨을 잃는다.

《삼국지》의 진수는 관우를 "만 명을 대적할 만한 용맹한 장수이며 조조에게 보답을 하는 등 국사國士의 풍격이 있다. 하지만 굳세고 교만하여 냉정함이 부족해 실패했다"라고 평했다.

219년, 한중을 차지한 유비는 형주에 주둔하고 있는 관우에게 번성의 조인을 공격하도록 한다. 조조의 시선을 형주에 두고 익주와 한중을 안정시켜 북벌을 준비할 요량이었을 것이다.

명령을 받은 관우는 군사를 이끌고 출병하여 조인을 공략하였고, 조조가 구원으로 보낸 우금과 방덕龐德이 이끄는 원군을 대파하여 우금은 사로잡고 방덕을 참한다. 이에 조조에 반하는 세력이 관우에게 호응하고 조조가 한때 천도할 것을 심각하게 고려할 정도로 위세를 떨쳤다.

하지만 외교적으로 유연한 자세를 취하지 않아 동맹인 손권의 도움을 받지 못했다. 또한 오만한 성품에 따른 평소 사대부를 경시하는 태도로 말미암아 남군南郡 태수 미방과 장군 사인士仁(《삼국지연의》에서는 부사인傅士仁으로 등장한다) 등 후방에서 군수물자를 대는 장수들이 싫어해 위기가 다가오고 있었다.

손권과는 형주를 홀로 책임지게 된 이후로 장사, 영릉, 계양 3군을 떼어주는 일로부터 충돌이 있어왔다. 정확한 목적은 손권만이 알겠지만 번성 공방 이전까지는 그래도 화해 무드를 마련해보고자 손권은 자신의 아들과 관우의 딸을 혼례시키고자 했다.

하지만 사신으로 온 제갈근에게 관우가 "범의 딸을 개의 아들에게 시집을 보내겠느냐!"라며 모욕을 주어 오와의 관계가 더욱 나빠졌다. 또한 번성 전투 중에는 오의 지원군이 늦자, 손권을 오소리에 비유하는 등 무례함이 극치에 달해 손권의 분노는 극에 달했고, 관우에 대해 좋지 않게 생각했다.

이런 상황에서 관우가 연신 조조군을 격파하며 위세를 북돋우자 혹시라도 강남으로 시선을 돌릴까 불안해하던 손권은 조조의 협공 제안에 주저 없이 여몽과 육손으로 하여금 관우를 공격하게 한다. 그렇지 않아도 형주를 '빌려간' 유비가 익주를 차지하고서도 돌려주지 않았고, 이전부터 관우의 오만한 자세까지 더해 화가 나 있었으니 손권으로서는 귀가 솔깃한 제안이었으리라.

그때 마침 관우의 성품 탓에 그를 싫어한 미방과 사인이 군수물자를 대는데 힘을 다하지 않자 관우가, "돌아가면 반드시 그들을 징벌하겠다" 하여 두렵고 불안해하고 있었다. 이틈을 노려 손권이 두 사람을 은밀히 권유하니, 둘은 손권에게 항복하여 남군과 공안의 성문을 열어 오군을 맞이한다.

전방에만 신경 쓰던 관우는 후방으로 몰래 잠입해 온 오군이 형주를 점령하자 서둘러 퇴각하지만 끝내 아들 관평과 함께 붙잡혀 참수를 당한다.

관우가 죽고 형주를 빼앗김으로써 제갈량의 '천하삼분지계'는 한 축을 잃어버리게 되었다. 북벌을 감행할 루트가 한 곳으로 압축되어 실효성이 떨어졌기 때문이다. 또한 관우의 죽음은 뒤이은 장비의 죽음과 이릉 전투 패배의 직, 간접적인 원인이 되어 유비와 제갈량의 꿈인 한실 부흥을 멀어지게 만들었다.

관우의 실패는 협력 관계에 있던 동료들을 배려하지 못한 점에서 발생했다. 무장이기 때문에 오나라 손권과의 외교가 유연하지 못했던 점은 그렇다 치더라도 부하인 미방과 사인이 결정적인 순간 등을 돌리게 만든 것은 관우의 잘못이었다.

여포

■

잦은 배신으로 의지할 곳을 잃다

'비장'은 전한의 무장 이광李廣에게 흉노가 붙인 별명이다.

흉노는 북방의 유목기마민족으로, 진시황은 이들을 막기 위해 만리장성을 쌓았다. 나중에 흉노족 중 일부가 서방으로 이동하는데, 이들이 바로 게르만족의 대이동을 일으켜서 서로마제국을 괴멸시키는 훈족이라고 하면 흉노의 파괴력을 떠올리는 데 도움이 될지도 모르겠다.

송대(960~1279)에 화약이 발명되기까지, 아니 화약을 이용하여 총과 대포 같은 실용적인 무기가 나온 이후에도, 말은 그 주인에게 압도적인 군사적 우월성을 제공했다. 만리장성은 역대 중국의 국가들이 이민족의 기마병을 막아내기 위해 어느 정도 노력을 기울여 왔는가를 우리에게 웅변한다. 화약 발명 이전인 삼국 시대에 기병은 가장 공격적인 병종兵種이었다.

쳐들어오는 흉노의 기병에 대항하기 위해 진나라와 한나라 모두 기병부대를 조직했다. 이광은 바로 이 기병부대를 지휘해서 흉노를 여러 차례 격파했고, 그 때문에 흉노는 그를 '비장'이라 부르며 두려워했다. 그 손자인 이릉李陵 역시 흉노와 잘 싸웠으나 결국 포로로 잡혔다.

이를 두고 적과 내통했다고 오해한 한무제는 일족의 주살을 명했으나, 사마천司馬遷은 이릉의 충신忠信과 용전勇戰을 칭송하며 무죄를 주장했다. 이 일로 사마천은 한무제의 명으로 궁형(생식기 거세형)에 처해지고, 그 굴욕을 원동력 삼아 최고의 사서 《사기史記》를 완성했다. 당연히 사마천은 '비장' 이광의 활약을 《사기》에 명기했다. 그리고 그 이름을 계승한 자가 바로 여포다.

삼국 시대에서 개인으로 가장 강한 자는 여포자는 봉선奉先일 것이다. 진수의 《삼국지》에는 여포가 스스로 '비장'으로 불렀다고 기록돼 있다. 이광의 고사를 빌려와, 삼국 시대 최고의 기병 지휘관이라는 자부심으로 '비장'이란 칭호를 사용한 것이다.

배송지裵宋之 주注44 《삼국지》에서 인용한 《조만전曹瞞傳》45에는, '사람 중에는 여포, 말 중에는 적토人中呂布 馬中赤兎'라는 군중어도 전한다. 그리고 '비장'이 타는 말 역시 여타를 압도하는 특별한 말로, 적토마赤兎馬라 불렸다. 덧붙이자면, 실제 역사에서 적토마와 관우는 아무 관계가 없다.

《삼국지연의》는 호뢰관虎牢關 전투에서 여포 혼자서 관우, 장비, 유비 셋을 상대했다는 허구를 지어내어 그의 압도적인 강함을 표현했다.

화웅華雄을 잃은 동탁군에서 마침내 여포가 모습을 드러냈다. 새빨간 비단 무복을 걸치고 커다란 창을 손에 든 여포는, 동탁이 선물한 적토마를 타고 마치 무인지경을 달리듯이 병사들을 베어 넘긴다. 그런 여포의 앞을 막아선 자가 있었으니 바로 장비였다. 장비는 여포와 50합 이상이나 겨루었지만 승부가 나지 않았다. 이를 본 관우가 청룡언월도를 휘두르며 여포를 협공했다. 세 마리의 말이 'T' 자 모양으로 서서 서로를 공격했고, 30합이나 주고받았지만 둘은 여포를 이기지 못했다. 이에 유비가 쌍고검을 빼들더니, 황색 갈기의 말을 달려 측면에서 뛰어들며 공격에 가세했다. 세 사람은 여포 주위를 주마등走馬燈처럼 빙글빙글 돌면서 힘을 합쳐 싸웠다. 형세가 불리하다고 여긴 여포는 유비에게 위협의 일격을 가하였고, 유비가 공격을 피하는 틈을 타 적토마를 달려 호뢰관으로 들어가 버렸다. (《삼국지연의》 제5회)

이 정도 무력을 지닌 여포였지만 결국 천하를 장악하지는 못했다.

전국 시대(기원전 403~기원전 221) 이후 중국에서의 전투는 집단전으로 변했다. 《삼국지연의》에서처럼 무장끼리의 일 대 일 대결로 승패가 결정 나는 일은 없었다.

그럼에도 여포의 무력은 존중받았다. 하비전투에서 조조에게 사로잡힌 여포는 죽음을 면하고자 이렇게 제안했다.

당신이 보병을 이끌고 내가 기병을 이끈다면 천하는 간단히 평정될 것이다.

근대 이전의 전투에서는 군세軍勢가 같다 해도 부대를 이끄는 장수에 따라 강함이 달라졌다. 특히 기병은 소수정예 부대기 때문에 부대장의 개인적인 무력이 중요했다.

재능을 중시한 조조는 그 제안을 받아들이려 했다. 이때, 당시 조조 진영에 몸담고 있던 유비가 나섰다.

설마 여포가 정원丁原과 동탁을 배신하고 살해한 일을 잊으셨습니까?

유비의 말에 조조가 수긍하며 고개를 끄덕이자 여포는 유비를 가리키며 "이자야말로 신용할 수 없는 자, 속을 알 수 없는 자다"라고 비난했지만 결국 여포는 처형되어 형장의 이슬로 사라졌다.

유비가 말한 정원과 동탁의 일은 어떻게 된 것일까?
여포는 용감하고 싸움을 잘해 병주幷州에서 벼슬을 했다. 이때 병주자사 정원이 기도위가 되어 하내에 군대를 주둔시켰을 때 여포를 주부로 임명하고 매우 잘 대해 주었다.
영제가 세상을 떠나자 정원은 병력을 이끌고 낙양으로 들어간다. 정원은 집금오執金吾46에 임명되어 하진何進과 함께 환관들을 주살할 계획을 세우지만 하진이 실패하고, 혼란을 틈타 낙양에 들어온 동탁이 여포를 꾀어 정원을 살해하게 하고 병력까지 흡수한다.

이후 여포는 동탁의 신임을 얻어 부자의 관계를 맺는다. 하지만 동탁의 시녀와 사통하게 되자 불안한 마음이 생기게 되어 사도 왕윤王允과 함께 동탁을 주살하여 다시 한 번 배신한다. 이는 《삼국지연의》에서 초선貂蟬이 등장하게 되는 모티브이기도 하다.

동탁을 죽인 후 이각李傕, 곽사郭汜에게 패한 뒤 원술에게 의지하려고 하나 원술은 여포가 뜻을 뒤집는 것을 증오하여 여포를 거부한다. 이에 여포는 원소에게 갔고, 원소는 장연張燕을 토벌할 때 여포를 동행시켰다. 여기서 공을 세운 여포는 원소에게 군대 충원을 요청하고, 여포의 휘하 장수와 병사들이 약탈을 일삼자 원소는 여포를 두려워해 자객을 보내지만 실패한다.

이후 여포는 하내의 장양에게 의지하는데 그때 마침 진궁이 장막을 설득해 조조를 배반하게 하는 사건이 벌어진다. 여포는 진궁의 요청에 그들에게 합류했고, 이로써 조조와 견원지간犬猿之間이 되었다. 2년 동안 조조와 치열하게 싸웠지만 결국 패하고, 동쪽으로 달아나 서주에 있던 유비에게 몸을 의탁한다.

하지만 유비 밑에서도 오래 있지 못하고, 유비가 원술을 공격하러 간 사이 서주를 장악한다. 그리고 끝내는 조조와 유비의 연합 공격에 멸망하고 만 것이다.

실로 수많은 세력에 붙었다가 배신을 한 까닭에 여포는 최후에 이르러 자신을 도와줄 변변한 동맹 세력 하나 만들지 못했다. 진수의 평에 따라 천박하고 교활하며 말을 뒤집기를 잘했고, 오직 이익만을 보고 일을 도모했으니 멸망은 당연한 일이었다. 여포의 무용이 아깝기는 했으나 그 무용을 아껴 정원과 동탁처럼 여포에게 목숨을 잃는 것보다는 여포를 제거하는 것이 나을 것임을 유비는 조조에게 말한 것이다.

분명 유비도 여포와 마찬가지로 용병집단을 이끌고 여러 군웅 사이를 옮겨 다녔다. 집단으로서의 강함도 여포 쪽이 위다. 그러나 속마음이야 어쨌든 유비는 행동에 신의가 있었고, 군사 제갈량을 삼고지례로 맞아들일 만큼 도량도 컸다. 하지만 자신의 무력에 대한 자신감으로 넘쳤던 여포에게는 그것이 없었다.

그 결과, 삼국 시대 최강의 무장 여포는 〈삼국지〉에 수많은 무용담을 남겼지만, 군웅과 같은 반열에 이름을 올리지는 못했다.

마초

■

동료에 대한 불신으로 협력 관계가 무너지다

마초자는 맹기孟起는 양주 출신으로 마등馬騰, 자는 수성壽成의 아들이다.

이 양주에는 후한 최강의 기병부대가 배치돼 있었다. 후한 중기 이후 강족羌族47과의 다툼이 이어지면서 양주가 치열한 싸움터가 되었기 때문이다. 티베트계인 강족은 무익원검無弋爰劍48 밑에서 세력을 확대하였고, 환제桓帝, 후한의 11대 황제 때는 소당강燒當羌, 선령강先零羌 등이 번갈아 후한에 침입했다.

후한의 명장 단경段熲은 이미 한인지역으로 이주해 있던 숙번熟蕃, 귀순하여 한족화한 이민족을 군대로 편입시키는 한편, 강족을 토벌하여 수십만 명을 복속시켰고, 이들을 양주의 안정군安定郡, 한양군漢陽郡, 농서군隴西郡으로 이주시켰다. 이렇게 해서 양주는 일시적으로 안정되었다.

하지만 황건의 난이 일어나자, 양주의 강족은 한인 호족인 한수韓遂

와 변장邊章을 옹립하여 다시 반란을 일으켰다. 강족과 혼인관계를 맺은 마등도 가담한 이들의 반란은 장안을 위협할 정도의 힘을 지녔으나, 황건의 난을 평정한 황보숭皇甫嵩에게 진압되었다. 하지만 강족이 괴멸한 것은 아니었다.

초평 3년初平 3年(192), 마등과 그의 맹우인 한수가 군세를 이끌고 장안으로 향하자, 후한은 한수를 진서장군鎭西將軍으로 임명하여 금성金城으로 귀환토록 했고, 마등은 정서장군征西將軍에 임명하여 장안에서 가까운 미郿에 주둔시켰다. 전형적인 회유책이었다.

그 뒤 조조의 명으로 관중關中을 맡은 종요鍾繇가 마등과 한수에게 복종할 경우 얻게 될 이익을 제시하자, 마등은 이에 응해 아들인 마초를 종요 밑으로 파견했다. 조조는 기뻐하며 마초를 자신의 밑에 두려 했으나, 마초는 따르지 않았다. 얼마 후 조조에 대한 대응을 둘러싸고 마등과 한수 사이에 불화가 생겼고, 마등은 귀순하여 위위의 직위를 받았다.

한편, 마초는 양주에 머물며 마등의 군영을 장악해나갔다. 이런 경위로 마초는 강족이 포함된 기병군단 '양주병涼州兵'을 이끌게 되었다.

건안 16년建安 16年(211), 마초는 한수와 함께 반란을 일으켜서 군대를 동관潼關, 장안의 동쪽으로 진격시켰다. 이 일로 아버지인 마등과 동생들은 마초의 죄에 연좌되어 죽임을 당했다. 《삼국지연의》는 촉에 출사한 마초를 칭송하고자, 조조에게 처형된 아버지와 동생들의 복수를 위해 마초가 봉기했다고 허구를 만들어냈지만, 실제로는 마초의 야심이 마등을 죽음으로 내몬 것이다.

마초와의 전투에서 조조는 화친하는 척하면서 한수와 회담하고, 또 서간의 개찬改竄49을 연출하는 등 '이간지계離間之計'를 써서 마초와 한수 사이를 갈라놓았다.

마초와 한수의 관계는 《삼국지연의》에서처럼 의숙부와 의조카의 관계가 아닌 동등한 동업 관계였다. 마초와 한수가 위치한 장안 서쪽에는 그들 외에도 양추楊秋, 이감李監, 성의成宜 등의 세력이 있었다. 이들이 협력을 하는 동안에는 조조로서도 쉽게 격파하기 힘들었다. 그래서 조조는 이간지계의 대상을 그들의 리더격인 마초와 한수를 상대로 펼친 것이다. 특히 성격이 급한 마초를 격분시키는 것에 초점을 맞추었다.

순찰 중에 만난 한수와 옛날 일을 꺼내며 한담을 나누는 것으로 마초가 의심을 일으키게 한 뒤에 서찰의 개찬을 통해 의구심을 증폭시켜 둘의 사이를 갈라놓고 전쟁을 진행한다. 마초는 한수에 대한 의심이 커지고, 한수는 자신을 의심하는 마초가 못마땅해 둘의 협력 관계가 서서히 무너진다.

《삼국지연의》에서는 이 과정이 좀 더 세밀하게 진행된다. 《삼국지》에는 나오지 않지만 마초의 의심이 더욱 커져 한수가 순찰할 때 병사로 위장하여 조조와 무슨 이야기를 나누는지 지켜보려고 할 정도로 의심하는 모습을 보인다.

강력한 기병부대를 가졌고, 본인도 뛰어난 용맹을 자랑한 마초가 허망하게 패한 이유에는 조조의 꾀에 넘어가 협력 관계에 있는 동료를 의심하여 연합세력이 흔들렸기 때문이다.

이 틈을 놓치지 않고 조조는 위수를 끼고 결전을 벌여 마초를 격파한다. 일부러 중앙에 경장보병을 미끼로 배치하여 마초의 양주병과 맞부딪치게 한 뒤, 조조군의 최정예부대인 '호표기虎豹騎'를 좌우에 전개, 호표기에게 양주병의 배후를 치게 했다. 또 정면에서는 강노로 무장한 최신 중장보병이 나타나 마초의 양주병을 포위 섬멸했다.

호표기의 대부분은 군마에게도 마갑馬甲, 말의 갑옷과 면겸面簾, 말의 투구을 씌워서 전신을 가린 '철기鐵騎' 중장기병이었다. 갑기구장甲騎具裝은 서아시아에 기원을 두는데, 유목민족을 통해 동아시아로 들어왔다고 보고 있다. 한나라의 강노에 대항하기 위해서 흉노 등이 받아들였던 것이다.

조조는 《손자》에 주를 달 정도로 병학兵學 관련 지식이 풍부했을 뿐만 아니라, 기병의 공략 수단으로 만들어낸 강노와, 강노에 대항하기 위해 고안된 철갑기병 같은 새로운 병기를 적극적으로 도입하여 그들을 통합했다. 개인으로서는 최강의 기병인 여포나 강력한 기마대인 양주병을 가진 마초가 조조에게 패한 이유가 바로 여기에 있다.

장합

■

협력 관계에 있는 동료의 시샘은 칼보다 무섭다

앞서 조인을 설명하면서 삼국 시대를 대표하는 '명장'으로 장합을 함께 이야기했다.

장합은 자가 준애儁乂로 후한 말 황건적 토벌군에 들어가 활약했는데, 이 일을 계기로 군의 사마司馬, 군사행정관가 되어 기주목冀州牧 한복韓馥 밑으로 들어가면서부터 그의 싸움은 시작된다. 한복이 원소에게 기주를 넘겨주자 장합은 원소의 교위校尉가 되었고, 공손찬과의 싸움에서 올린 공적으로 영국중랑장寧國中郞將까지 승진했다.

관도대전에서는, 조조가 오소烏巢의 식량저장고를 습격했을 때 정예를 이끌고 구원해야 한다고 진언했으나, 관도의 본진을 쳐야 한다고 주장하는 곽도郭圖의 참언에 밀려 본진 공격을 맡게 된다. 그러나 조조의 본진 공략은 실패하고 오소마저 함락 당한 소식을 들은 장합은 원소에게 돌아가도 좋을 일이 없음을 알고 조조에게 항복했다. 이에 조조는 장합의 귀순을 기뻐하며, "한신韓信이 투항한 것과 같다"라고 항우를 격파한 유방의 명장에 견주어 장합을 평가한 뒤 편장군偏將軍에 임명했다.

그 평가에 어긋나지 않게 장합은 각지에서 활약했다. 업성을 공략하여 함락시켰으며, 발해로 가 원담을 공격했다. 조조를 따라 유성을 토벌할 때 장료와 함께 선봉에 섰으며, 동래東萊를 정벌하고 각지의 반란을 진압했다. 위남渭南에서는 마초와 한수를 공격해 승리했고, 안정군을 포위하여 양추를 항복시켰다.

이후에는 하후연과 함께 마초와 한수의 잔당을 격파하여 장안 서쪽을 안정시켰으며, 강족과 저족도 토벌하는 공훈을 세웠다.

조조는 한중의 장로를 침공(215)할 때 장합을 앞세워 길을 열게 했다. 한중을 점령한 이후에는 하후연 등과 함께 한중을 지키며 군사를 이끌고 파동군巴東郡과 파서군巴西郡을 평정해 그곳 백성을 한중으로 이주시켰다. 이후에 장비에게 패퇴하여 물러난 것은 앞에서 이야기한 바이다.

오가 가장 두려워한 무장이 장료였다면 촉한의 숙적은 장합이었다. 유비는 정군산 전투(219)에서 하후연을 죽였을 때 하후연을 죽인 것보다 장합을 놓친 일을 두고두고 후회했다. 유비의 걱정대로 장합이 하후연의 뒤를 이어 군의 책임자가 되자 유비는 쉽게 도발하지 못하고 대치 상태를 이루었고, 이는 조조가 원군을 이끌고 올 때까지 이어졌다.

장합은 그 뒤 대오전선對吳戰線인 형주로 이동했고, 명제가 즉위하자 사마의와 함께 손권의 장군 유아劉阿를 무찌르는 등 활약을 이어갔다.

촉한의 건흥 5년建興 5年(227)에 제갈량은 북벌을 개시한다. 제갈량의 군대가 대군이 움직이기에 가장 안전한 관산도關山道를 통과해 옹주雍州 남부 천수군 공략을 목표로 하고, 그와 동시에 조운과 등지鄧芝는 포사도褒斜道에서 미를 노린다는 양동작전이 촉한의 전략이었다.⁵⁰

이 작전은 주효하여, 조진이 주력을 미에 결집시키는 동안 제갈량은 천수군을 점령하고 남안군南安郡과 안정군까지 지배하에 넣는다.

조위의 명제는 직접 장안으로 출진하면서 대오전선에 있던 장합을 불러들인다. 당시 촉한군은 양주자사涼州刺史가 지키는 금성군金城郡을 공격 중이었는데, 장합에게 이들의 배후를 치게 했다.

조진은 조운의 공격에 대비하느라 움직일 수 없었다. 촉한 쪽에서 보면, 양주의 거점인 금성군을 함락시킬 때까지 장합의 발을 묶어놓기만 하면 양주를 지배할 수 있었고, 양주를 손에 넣은 다음에는 배후 걱정 없이 장합을 칠 수 있었다.

장합의 진격을 저지하는 중대한 역할에 제갈량은 애제자인 마속馬謖을 기용한다. 승리는 필요 없고 시간만 벌면 되었기 때문에, 제갈량은 이렇게 명령했다.

절대로 산 위에 포진해서는 안 되며 가도街道에 진을 쳐라.

그런데 마속은 승리하려는 욕심에 산상에 진을 친다.

'명장' 장합은 아무런 주저 없이 식수 보급로를 끊었고, 견디다 못해 내려온 마속을 단숨에 물리쳤다. 또한 제갈량에 호응한 남안군, 천수군, 안정군까지 평정하여 촉의 제1차 북벌을 실패로 끝나게 했다. 《삼국지연의》에서는 이때 장합이 사마의의 지휘를 받는 것으로 나오지만 실제로는 장합 단독의 움직임이었다.

이후에는 사마의를 따라 형주를 통해 오나라를 토벌하는 부대에 합류하였으나 겨울이 되어 큰 배가 지나갈 수 없어 돌아와 방성方城에 주둔했다. 그때 제갈량이 다시 출진하여 진창을 맹렬히 공격하자 급한 마음에 명제는 장합을 불러 진창을 구원하고자 했다. 하지만 장합은 "신이 도착하기 전에 제갈량은 이미 병사를 물렸을 것입니다. 손가락을 꼽아 계산해 보면, 제갈량의 양식으로는 열흘도 버틸 수 없습니다"라고 진언했고, 며칠 뒤 이는 사실로 드러났다.

장합은 전술이 변화하는 상황을 익혀 진영을 잘 설치했으며, 전쟁의 형세와 지형을 생각하면 예측했던 것과 일치하는 경우가 많았기 때문에 제갈량 이하 촉의 장수들이 모두 장합을 두려워했다. 하지만 이러한 장합의 재능은 결국 동료이자 상관인 사마의가 경계하게 된다.

건흥 9년(231), 제갈량의 북벌은 제4차를 맞고 있었다. 관산도를 지나 기산祁山을 포위한 이 전쟁에서, 제갈량은 처음으로 직접 사마의와 대결하여 그를 격파했다. 그러나 후방 지원을 맡긴 이엄의 태만으로 군량 보급이 끊기는 바람에 다시 철수를 하지 않을 수 없었다.

이때 사마의는 장합에게 제갈량의 추격을 명령했다. 하지만 장합은, "군법에 의하면 성을 포위하되 반드시 나갈 길을 열어 두어야 하고, 돌아가는 군대를 추격하지 말라 했습니다"라며 제갈량이 패해서 철수하는 것이 아니니 추격할 수 없다고 반대한다. 그러나 사마의는 받아들이지 않았다. 어쩔 수 없이 진격한 장합은 제갈량의 복병과 만나 목문도木門道에서 전사한다.

'명장' 장합의 긴 전력戰歷은 사마의에 의해 강제로 막을 내렸다. 사마의는 조조를 따라다닌 측근 장수들 중에 그때까지 살아남아 혁혁한 공을 세운 장합을 명백히 경계하고 있었기에 제갈량을 이용해 장합을 처리했다. 위나라의 병권을 장악하는데 장합이 걸림돌이 될 것이라 생각했기 때문이 아닐까?

전장에서는 뛰어난 지략과 용맹을 발휘하고 상황판단이 뛰어났던 장합이었지만 동료의 시샘을 간파하지 못한 탓에 어이없는 죽음을 맞이하게 된 것이다.

04
집착과 집중의 차이를 구분하라

포신

■

능력 이상의 전력투구로 모든 것을 잃다

삼국 중 최강인 위의 기초를 쌓은 조조지만, 처음부터 우세한 지위를 점했던 것은 아니다. 군웅할거 이후 후한의 조정을 농단한 동탁을 타도하기 위해 결성된 반동탁 연합에서 맹주에 오른 이는 원소였다.

원소는 4대에 걸쳐 최고위 관직을 배출한 '사세삼공四世三公'의 명문 집안 출신으로, 지식인들에게 겸손한 태도로 자주 의견을 구했기 때문에 사람들의 천거를 받아 맹주의 지위에 올랐다. 앞에서도 이야기했지만 원래 조조는 하옹그룹이라는 지식인 집단에서 서열상 원소의 동생이었기 때문에, 후에 조조가 천하의 패자가 되리라고 예상한 사람은 드물었다.

그럼에도 조조의 특출한 재능을 알아본 이가 있었으니, 바로 포신이다. 포신은 동탁이 전권을 장악하기 이전에 이미 그 위험성을 알아차리고 원소에게 동탁 타도를 건의했었다. 그러나 원소는 그의 의견을 따르지 않았고, 이에 포신은 고향으로 돌아간다.

이후에도 동탁을 두려워한 원소가 우유부단한 태도로 동탁과의 싸움을 회피하는 가운데, 조조가 "한나라를 위해 동탁과 싸워야 한다"라고 주장하자 포신은 "전란을 다스릴 사람은 당신이다"라며 마음을 굳히고 접근했다. 세력은 있지만 결단력이 부족한 군주보다는, 지금은 약세라도 미래를 기대할 수 있는 군주를 고굉지신이 되어 보필하자고 판단했던 것이다.

포신의 조언에 따라 조조는 동탁이 진을 치고 있는 수도 낙양으로 진격할 것을 주장, 동탁의 중랑장中郎將인 서영徐榮과 싸우지만 다수의 사망자를 내고 패퇴했다. 전사자 중에는 포신의 동생 포도鮑韜도 있었다. 병사를 잃은 조조는 원소의 군대에 합류하지 않을 수 없었다. 그만한 희생을 치른 대가로 조조는 '한의 부흥을 위해 동탁과 싸웠다'라는 대의명분을 얻었다.

장수에게는 질 줄 알면서도 싸워야 할 때가 있다. 지는 싸움에서도 도망치지 않고 맞선 행동은 미래를 위한 재산이 된다. 포신은 동생의 전사라는 커다란 대가를 지불했지만, 이 패전으로 장차 조조가 한나라의 마지막 황제인 헌제를 옹립할 수 있는 정당성을 획득하게 되었다. 그리고 무엇보다 큰 수확은, 한나라의 수호를 주장하는 지식인들에게 조조의 존재를 알렸다는 점이다.

《삼국지연의》에서는 연합군에서의 포신의 행동을 좋지 않게 표현하고 있다. 연합군의 선봉이 된 손견을 시샘하여 동생 포충鮑忠을 샛길로 해서 먼저 보내지만 화웅에게 패하고 포충도 죽는다. 포충은 포도를 모델로 삼아 나관중이 창조한 인물로 보인다. 촉한정통론자인 나관중의 입장에서 봤을 때, 조조의 근거지를 마련해준 포신을, 공을 탐하는 이미지로 그린 것은 어쩌면 당연한 일이 아닐까?

한편 원소는 동탁과 싸우지 않는다는 눈앞의 이익을 선택한 덕분에, 황건의 난의 피해를 입지 않아 여전히 풍요로운 하북河北, 황하 북방지역을 제압해간다. 원소의 휘하에서 어쩔 수 없이 웅크리고 있던 조조에게 포신은 이렇게 진언한다.

> 차라리 하북을 버리고 황건적이 횡행하는 하남으로 가 원소에게 일이 생길 것을 기다립시다.

그때까지 황건적이 발호跋扈하는 하남을 거점으로 삼으려 한 자는 없었다. 그러나 하남은 본래 낙양이 포함된 한나라의 중추부다. 전란으로 황폐해지긴 했으나, 원래는 생산력과 문화 수준이 높은 중요한 지역이었다.

원소의 부하로 있으면서 원소와 하북을 놓고 다툰들 의미가 없다. 승산 없는 싸움을 지속하느니 모두가 불리하다고 보는 지역으로 치고 나가서 승부를 내자는 책략이었다.

하남으로 간다는 조조의 말에 원소는 기뻐하며 병사를 빌려주었다.

"내 아우 조조여, 나를 위해 애쓰는구나"라고 생각했는지도 모른다.

조조는 동군東郡 태수로, 포신은 제북국상濟北國相이 되어 하남으로 진출했다.

군국제郡國制를 적용한 한나라의 행정체제에서는 전국을 13개 주로 나눈 뒤 주 밑에 10개 전후의 군郡과 국國을 두었고, 군국 밑에 다시 10여 현縣을 두었다. 군국제란 명칭에서도 짐작할 수 있듯이, 지배의 중핵은 30만 명 전후의 백성을 지배하는 군국이다. 군에는 태수가, 국에는 국상이란 행정관이 파견되는데, 명목상으로는 국의 왕으로 황제의 일족이 봉해졌다. 제북국왕으로 봉해진 황제의 친척은 수도인 낙양에서 생활하고, 국상을 대리인으로 파견하여 통치하는 형식이다.

조조와 포신은 동격의 존재로, 아니 따지고 보면 오히려 포신 쪽이 격이 높은 국상이란 신분으로 하남에 거점을 얻었다. 포신은 원래 군웅 중 한 명이었다. 그랬던 그가 조조의 가능성을 믿고 고굉지신으로서 조조를 섬겼다. 남자로서 기꺼이 목숨을 걸 만한 사람을 만났기 때문이다.

하남에서는 황건적이 진을 치고 있었다. 황건적의 주요 세력 중 한 무리가 청주에서 황건적 백만을 이끌고 연주로 진출하여, 임성국의 재상 정수鄭遂를 죽이고 동평東平으로 침입했다. 이에 연주자사兗州刺史 유대가 황건적을 공격하려 하자 포신이 말렸다.

지금 적의 군사는 백만이고, 백성들은 두려워 떨고 있으며, 병사들은 싸우고자 하는 의욕이 없으니 이길 수 없습니다. 적의 병력을 관찰해보니 늙은이와 젊은이가 뒤섞여 있고, 병기와 식량의 구비가 완전하지 않아 약탈에 의존하는 형편입니다. 지금은 적을 공격할 때가 아니라 우리의 힘을 축적하고 지킬 때입니다. 굳건히 지키고 있다면 그들은 이길 수도 없고 공격도 할 수 없어 얻을 것이 없을 테니 반드시 흩어지게 되어 있습니다. 그때를 노려 정예 군사로 요충지를 급습하여 점거하면 이길 수 있습니다.

하지만 유대는 포신의 말을 듣지 않고 황건적과 정면으로 맞붙어 싸우다가 전사했다. 그러자 포신은 연주의 명사들을 설득해 동군 태수 조조를 추대하였고, 동의를 얻자 재빠르게 조조를 영접하여 연주목을 맡긴다.

조조는 연주목이 되어 연주의 병사를 이끌고 황건적을 공격했다. 격전 끝에 조조는 황건적과의 타협을 이끌어내어 간신히 승리를 손에 넣었고, 이때 30만의 병사와 100만이 넘는 백성이 조조에게 귀순했다. 이들 중 정예를 모은 부대가 청주병靑州兵으로, 이후 조조의 군사적 기반이 된다.

청주병을 얻게 되면서, 명사 정욱이 합류하는 등 조조에 대한 기대는 높아졌지만 그 대가는 너무나 컸다. 조조 최초의 고굉지신인 포신이 전사했던 것이다.

포신은 침착하고 강인하며 지모를 지녔다는 평가를 받은 인재였다. 그렇기 때문에 적절한 상황 판단을 내려 유대의 출진을 막았다. 하지만 조조가 지휘권을 잡자 달라진다. 조조의 작전에 따라 스스로 전투부대를 이끌고 황건적을 공격한 것이다. 기세가 떨어지지 않은 황건적과의 전투는 무용이 뛰어나지 않은 포신에게는 힘든 일이었을 것이다.

조조를 영접하여 연주목을 맡기면서 포신은 조조 진영의 2인자에 가까워졌다. 그만한 인망이 있었고 재능 또한 있었다. 그렇지만 자신이 인정한 조조를 위해 목숨을 아끼지 않는 용기를 선보인 것은 아닐까?

포신은 조조의 군사적 기반을 확립하는 데 목숨을 아끼지 않고 바쳤고, 이후 조조는 포신의 헌신을 발판으로 비상할 수 있었다. 고굉지신으로써는 훌륭한 최후였지만 포신 개인으로서는 허망한 최후라고 하지 않을 수 없다.

사마염

■

평가에 집착하다 스스로 무너지다

　조조, 사마의와 함께 대표적인 반신인 사마소의 장자 사마염은 위 최후의 황제인 조환曹奐 조우의 아들. 원제元帝에게서 선양받아 진나라를 건국한다. 그는 '지효至孝'의 황제로 유명하다.

　고래 중국에서는 부모가 돌아가시면 3년 동안 상복을 입었다. 황제가 3년씩이나 상복을 입으면 정무가 정체된다. 그래서 전한의 문제 시대부터는 하루를 한 달로 쳐서 36일만 상복을 입기로 정했다.

　하지만 무제는 실제로 3년 상복을 고집했다. 아직 오가 건재하여 중국이 통일되지 않은 다망한 시기에, 신하들의 간지諫止, 간하여 말림가 있어 통상적인 정무는 보았지만, 부친상 3년에 모친상 3년, 모두 합쳐서 6년 동안이나 마음속으로 상을 치른 것이다. 실제로 여성도 멀리한 듯, 이 기간에 태어난 아이는 없다.

중국 근대문학의 아버지 루쉰은 이를 비판했다. 반신 사마씨는 '충'이 아니었기에 '효'를 행했으며, 국가의 찬탈을 '효'로 은폐했을 뿐이라고 분석했다.

그 말 그대로가 아닐까. 무제는 상례뿐만 아니라 자신의 행동 역시 유교로 단속했다. 나아가 유교 원리로 나라를 통치하려 했다.

중국에서는, 국가의 지배 사상은 율령이라 불리는 법률로 표현된다. 무제가 태시 4년泰始 4年(268)에 공포한 태시율령泰始律令은 율법전律法典, 형법과 영법전令法典, 행정법과 민법을 모두 체계적인 법전으로서 다루었다(이전까지는 율만 있었다)는 점에서 중국의 법제사 측면에서 획기적인 의의를 지닌다.

동시에 유교의 경의經義를 율령의 근간으로 삼았기에, 태시율령은 진나라가 유교에 기반을 둔 국가임을 상징한다. 서구세계의 법이 기독교의 교의를 법원法源으로 하듯이, 중국의 법은 이제 유교를 법원으로 하는 수준에까지 이르렀던 것이다.

유교는 적장자 상속을 정통으로 한다. 그러나 무제의 적장자인 사마충은 태어날 때부터 어리석은 자라 황제의 소임을 다하기에 부족해 보였다. 그래도 무제는 유교가 정한 적장자 상속 원칙을 지켜서 사마충을 후계로 삼았다. 다만 그 자질에 불안을 느꼈기 때문에 사마충의 동생들을 왕으로 봉해 자신의 사후에 혜제를 보필하도록 했다.

무제는 오를 멸망시킨 뒤 1만 명의 궁녀를 후궁으로 떠안았다. 아들을 많이 낳기 위해서였다. 하지만 어느 후궁에게 가야 할지는 판단이

서지 않았나 보다. 밤마다 양거羊車를 타고가다 양이 멈추면 그 방의 여성과 밤을 보냈다고 한다. 후궁들은 양이 멈추도록 방 입구에 소금을 놓아두었다. 요즘에도 음식점 입구에서 소금을 뿌리는 모습을 볼 수 있는데, 바로 여기서 유래한 풍습이다. 부정을 씻기 위한 소금이 아니라 손님이 많이 들라는 발복發福의 소금이다.

혜제가 즉위하자, 동생들은 아버지의 유지를 이어 자신들의 직공을 다하려 했다. 그러나 그중 한 명이 진의 멸망을 염려하여 정무를 보지 못하는 혜제를 폐위한다. 이 틈을 타 왕들은 서로를 치기 위해 거병한다. '팔왕의 난八王之亂'[51]이다.

사마씨 일족의 왕들은 싸움을 자신에게 유리하게 이끌기 위해 주변의 이민족을 군대로 편입시켰다. 원래 이민족은 만리장성 밖에 있고, 왕들은 그 침입을 막아야 한다. 왕들의 반란은 이를 무시했다. 이리 하여 진은 쇠퇴의 길을 걷게 된다.

사마염은 요즘 말로 하자면 여론에 집착해 능력이 떨어지고 학문에도 뜻이 없는 사마충을 후계자로 밀어붙였다. 제위 찬탈에 대한 주변의 평가를 의식하지 않고 능력이 있는 후계자를 선정했다면 통일을 이룬 진 왕조는 좀 더 지속될 수 있었을 것이다. 삼국을 통일하면서 강력한 군사력을 보유하였고, 그 군사력은 모두 황족들이 쥐고 있었기 때문에 그들을 포용할 수 있는 자가 황제가 되었다면 16년이나 펼쳐진 팔왕의 난을 통해 국력이 쇠진하지는 않았을 것이다.

하지만 결국 진나라는 정권을 잡기 위해 팔왕이 끌어들인 몽골계 유목민족인 흉노의 유총劉聰에게 멸망당했다. 그리고 이것을 기회로 번번이 중국을 침범했던 변경의 이민족들이 화북을 차지하기 시작하는데 이것이 바로 영가의 난永嘉之亂52이다.

통일 후 37년만에 망한 진나라는 강남으로 옮겨 새로운 진을 건국하여 화북을 장악한 이민족들과 대치하는데 두 진을 구분하기 위해 화북에 있던 진을 서진西晉(265~317), 강남에 있던 진을 동진東晉(317~420)이라고 한다.

《삼국지연의》의 대본 중 하나인《삼국지평화》는 몽골이 중국을 지배한 원나라 때 쓰였다. 그래서 몽골계인 유총이 사실은 유비의 자손이라는 허구가 날조되었다. 이야기는 삼국을 통일한 진이 유씨에게 멸망당하고 한이 부흥한 시점에서 막을 내린다. 반신의 말로조차 용서치 않는 민족의 역사관을 여기서 볼 수 있다.

도움글 2

당 태종과 위징에서 보는
군주의 도량과 간신의 자세

충신忠臣은 군주와의 사이에 절대적인 신뢰관계가 있기 때문에, 설사 싸움터에서 죽는다 해도 그 생애는 칭송받고 자손은 은혜를 입는다. 한편 간신諫臣은 군주의 아픈 곳을 찌르기 때문에 언제 죽임을 당할지 모른다는 위험과 항상 이웃하며 산다.

군주에게는 간신과 충신 모두 필요하지만, 간신을 살려두는 군주는 많지 않다.

중국뿐만 아니라 한국과 일본의 역대 제왕들이 읽어온 제왕학 교과서가 있다. 당의 2대 황제인 태종太宗, 이세민李世民이 군신과 나눈 대화를 정리한 《정관정요貞觀政要》다.

이 책에는 위징魏徵이 태종을 간하는 이야기가 여러 번 나온다. 신하의 간언을 듣는 일이 군주에게 얼마나 중요한지 아는 것이야말로 제왕학의 중요한 가르침 중 하나다.

중국을 대표하는 간신인 위징은 그의 평생 200번이 넘게 태종에게 간한다. 위징이 죽자, 태종이 자신의 행동을 바로잡을 '거울'을 잃었다며 많은 사람들이 탄식했다.

거울을 보고 용모를 가다듬듯이, 태종의 정치가 어지러울 때 위징의 간언이 그 잘못을 바로잡았다는 의미다.

위징의 주장 중 가장 유명한 이야기는 국가의 초창草創, 건국하는 일보다 수문守文, 왕조를 지켜 존속시키는 일이 어렵다고 논한 내용이다.

전란이 다스려진 태평성대에는 군주가 나태해지기 쉽다. 이때 군주에게 간하는 신하와, 그 간언을 받아들일 만큼의 도량이 군주에게 없다면 국가는 존속되지 못한다.

명군으로 이름 높은 태종은 위징의 간언을 모두 받아들였다. 태종이 지닌 군주로서의 도량이 당나라 300년의 초석을 쌓은 것이다.

창업자의 뒤를 이은 2대째 사장이 극복해야 할 '수문'의 어려움은 현대에도 통하는 바가 있다. 세대가 교체된 뒤에도 여전히 간신이 존중받는 조직은 강하다. 간신을 살리느냐 마느냐는 위에 선 자가 지닌 도량의 크기가 정한다.

그렇다면 위에 선 자의 도량이 부족할 때 간신은 어떻게 처신해야 할까.

공자는 그 조직을 떠나라고 가르친다. 무도한 군주에 쓰이지 않음은 수치가 아니라고 했다. 공자와 동 시대를 산 거백옥蘧伯玉은 뛰어난 군주 밑에서는 열심히 일했고, 간언이 받아들여지지 않으면 조정을 떠났다. 공자는 그런 거백옥을 군자로서 높이 평가했다.

장소와 손권 사이에는 신뢰관계가 없었다. 간언을 반복한 장소를 군신群臣이 지지했기에 손권은 구석으로 몰렸다. 도량을 보여서 장소의 간언을 수용했다면 손오의 역사는 바뀌었을지도 모른다.

조조는 남을 신뢰하지 않았기 때문에 간신이 살아남지 못했고 충신도 나타나지 않았다. 공융뿐만 아니라, 한나라의 찬탈을 간한 순욱 또한 조조에게 살해되었다. 조조는 유능했기에 남을 용인할 도량이 부족했다. 조조의 사후, 부하였던 사마의는 조씨를 능가하는 권력을 얻자 조위를 대신할 서진 건국의 기초를 닦았지, 조위에 목숨을 바치지 않았다. 조조의 좁은 도량이 사마의라는 반신을 낳았다.

이런 관점에서 보면, 그 무능함으로 후세의 평가가 현저하게 낮은 유선이지만, 제갈량을 절대적으로 신뢰한 점은 군주의 자세로서 높게 평가할 만하다. 제갈량이 신뢰를 받고도 남을 인물임에는 의심의 여지가 없으나, 유선이라는 군주를 만난 덕분에 충신으로서의 생을 마칠 수 있었다고도 볼 수 있다.

군사든 무장이든, 그들을 쓰는 군주에 따라 그 재능이 꽃피느냐 아니냐가 결정된다는 점은 부정할 수 없다. 그러나 중국사를 대표하는 암군 유선의 밑에서도 중국사를 대표하는 군사 제갈량의 활약은 계속되었다. 사람들이 제갈량에게 보내는 존경의 마음이 시대가 바뀌어도 그치지 않은 연유다.

3장

생존의 지혜,
리더에게 배우다

01
성공에서 배우는 리더의 지혜

조조

새로운 가치관을 만들고 능력을 우선시하다

〈삼국지〉 세계에 등장하는 군주들 중 눈여겨볼 첫 번째 부류의 군주는 '명군名君'이다. 이때의 명군은 '뛰어난 군주'라는 의미의 명군이 아니다. '명군'은 창업자로서 새로운 시대의 가치관을 만들어낸 시대의 기수다. 조조야말로 삼국 시대의 '명군'에 가장 잘 어울린다.

조조자는 맹덕孟德는 아버지가 환관의 양자다. 그렇다고 해서 그 어감만큼 천한 가문 출신은 아니다. '사세삼공'의 원소에는 미치지 못하지만, 조부인 조등은 환제桓帝를 옹립한 공적으로 환관으로서 천하의 명사를 황제에게 추천하며 그들과 폭넓게 교류했다. 교현橋玄을 발굴한 충고种暠도 그 중 한 명이다. 이 때문에 삼공을 역임한 교현이 무명인 조조를 높이 평가하여, 일부러 인물비평가인 허소許劭에게 소개하는 수고를 들였다. 허소는 조조의 요청을 거절하지 못하고 평가를 내렸다.

> 그대는 치세의 능신이요, 난세의 간웅이오子治世之能臣, 亂世之姦雄也.

조조는 크게 기뻐하며 돌아갔다고 한다. 허소에게 인물 평가를 받았다는 사실 자체가 명사로 인정받았음을 의미하기 때문이다. 하지만 이 책에서는 허소가 지닌 예리한 감식안과 아름다운 표현에 주목하고자 한다.

허소는 조조를 치세냐 난세냐에 따라 평가가 달라져야 할 인물로 보고, '난세의 간웅'이라고 평했다. '난세의 영웅'이라고 전하는 사료도 있지만, 능신과 영웅이라고 하면 둘 다 긍정적 가치기 때문에 대구를 망가뜨리는 치졸한 표현이 되고, 또 영웅이란 말로는 조조의 뛰어남을 제대로 표현하지 못한다.

모든 사람이 다 새로운 시대의 가치관을 환영하는 것은 아니다. 오히려 선진적인 가치관을 이해할 수 있는 자는 몇몇에 불과하다. 관도대전 때까지도 조조 진영에는 아군의 승리를 믿지 못하는 자가 있었다. 대다수의 일반인에게 조조는 '간奸'이면서 '웅雄', 즉, 방식은 틀렸지만 그 세력은 무시할 수 없는 인물로 비춰졌다. '간웅奸雄'이란 단어는, 그런 조조의 수단과 결과에 대해 사람들이 느끼는 양가감정ambivalence을 제대로 표현했다고 할 수 있다.

조조가 가입한 명사 집단은 하옹이 중심이었다. 하옹 또한 뛰어난 인물이다. 원소, 순욱, 허유, 조조라는, 관도대전의 승패를 결정지은 인물들이 모두 그의 그룹에 속해 있었다. 또 조조를 "천하를 안정시킬 자安天下者必此人也"로, 환관의 딸과 결혼하여 평판이 떨어져 있던 순욱은 "왕을 보좌하는 재능王座之才"이라고 높이 평가했다. 그런데 원소 역시 하옹에게서, 신뢰할 만하며 서로의 위난에 달려와 줄 "분주지우奔走之友"라는 평가를 받은 것을 보면, 원소 또한 범용한 인물은 아니었음을 알 수 있다.

하옹그룹의 서열상 원소의 동생이었던 조조는, 반동탁 연합군이 결성되자 원소에 의해 행분무장군行奮武將軍으로 임명된다. 순욱이 원소의 부하가 됐듯이, 모두가 원소를 우러르는 가운데 포신과 그의 동생 포도는 조조의 뛰어남을 알아채고 "전란을 다스릴 사람은 당신이다"라며 조조에게 접근했다.

동탁토벌군을 조직하면서도 싸우려들지 않는 원소에게 애를 태우던 조조는 수도 낙양으로의 진격을 주장하며 단독으로 동탁의 중랑장 서영과 싸우지만, 포도를 비롯한 다수의 사망자를 내고 패퇴했다. 병사를 잃은 조조는 원소군으로 합류할 수밖에 없었다.

근시안적으로 보면 원소의 판단이 옳았다. 이 시기의 동탁을 이기기는 매우 어려웠다. 그 점을 잘 알면서도 굳이 싸웠다는 부분에 시대의 창조자 조조의 진취성이 있다. 패했다고는 하지만, 한나라의 부흥을 위해 동탁과 싸운 일로 조조의 대의명분이 확립되었다. 이때의 싸움이 나중에 헌제를 옹립할 정당성을 뒷받침하게 된다. 또한 한나라의 수호를 내건 명사들에게 동탁과 싸우려는 조조의 뜻이 알려지면서 순욱의 영입으로도 이어졌다.

하북을 제압해가는 원소를 보며, 포신은 하북을 단념하고 황건적이 세력을 떨치는 하남으로 진출하자고 조조에게 권했다. 원소의 허가 하에 하남으로 나와 연주목이 된 조조는, 청주에서 침입해온 황건적과의 격렬한 전투 중에 포신을 잃는다. 사서에는 황건적이 조조에게 보낸 항복요구서도 남아 있다. 조조는 패퇴를 거듭하고 있었던 것이다.

한나라에 반란을 일으킨 황건적을 상대로, 연주목이라는 한나라의 관리 신분으로 싸우는 당시의 조조에게 황건적과 협력한다는 선택지選擇肢는 원래대로라면 없다. 그런데 조조는 황건적과 모종의 맹약을 맺고 병사 30만과 백성 100만을 귀순시켰다. 이들 중 정예를 모아서 만든 부대가 조조의 군사적 기반이 된 청주병이다.

황건적과의 맹약 내용은 사서에는 명기돼 있지 않다. 하지만 다른 사료를 통해 유추할 수는 있다.

황건의 난은 장각張角이 창시한 태평도太平道란 종교와 연결돼 있다. 거의 비슷한 시기에 장로는 오두미도五斗米道로 한중에 종교왕국을 만들었다. 오두미도는 태평도와 함께 훗날 도교道敎53의 원류가 된 종교이다.

조조는 한중을 지배하에 두었을 때 장로와 조씨 일족의 딸을 결혼시켜서 오두미도를 흡수하려 했다. 이 덕분에 오두미도는 위진남북조 시대 때 세력을 신장시키고, 북위 시대에는 신천사도新天師道라 불리며 국교화된다. 유교나 불교를 누르고 국가의 지배이념이 될 정도에까지 이르렀던 것이다.

발전 초기에 오두미도는 권력과 유착하여 조조를 '진군眞君(도교에서 하늘이 지상을 지배하기 위해서 선택한 군주의 칭호. 이에 대해 유교에서는, 하늘의 명을 받아 지상을 지배하는 군주를 천자라고 칭한다)'이라고 불렀다. 조조가 한나라를 멸하지 못하고 죽자, 조조의 뒤를 이은 조비를 다시 '진군'의 위치에 놓았다.

즉, 조조는 한나라를 수호하며 국교화한 유교에 대항하기 위해서 오두미도를 보호했고, 이를 통해 새로운 나라를 세울 때의 종교적 정통성을 보증 받고자 했다.

황건적과 교환한 맹약도 이 일에 비추어 추측할 수 있다. 그들의 신앙이나 집단의 유지를 용인하는 대가로 조조의 천하통일에 협력하도록 만들었다. 이 역시 '명군' 조조가 한나라를 대신해서 새로이 만들어 나가고자 했던 가치관 중 하나였다.

청주병을 얻어서 군사적인 기반을 확립한 조조는, 헌제를 옹립한 도시 허 주변에서 둔전제屯田制를 시작한다. 조조 이전의 둔전제는 군량을 확보하기 위해 주둔지에서 군대가 실시하는 군둔軍屯이었다. 군둔은 중국의 각 시대뿐만 아니라 세계 각지에서도 실시되었다.

이에 반해 조조는 군둔과 함께, 일반 농민에게도 토지를 주고 조租와 조調[54]를 세금으로 징수하는 민둔民屯을 시행했다. 이는 수당 때의 균전제均田制와 조용조제租庸調制의 원류가 되는 새로운 제도였으며, 조조의 사후에도 조위의 재정을 지탱해 주었다.

호족의 대토지 소유로 땅을 잃은 농민이 유민화하여 사회가 불안정해졌을 때, 토지의 소유를 균등하게 하려는 정책은 이전에도 여러 번 시도되었다. 그러나 모두 실패했다. 주나라 때의 정전제井田制를 모델로 한 전한 애제哀帝의 한전제限田制와 신의 왕망이 실시한 왕전제王田制 등이 그랬다. 모두 호족의 대토지 소유를 제한하고, 그 토지를 빈민에게 분배하려는 제도였다. 범용한 정책들이다.

1억 원을 가진 사람이 1명 있고 돈 없는 사람 99명이 있다면, 재산을 균등하게 나누려면 어떻게 해야 할까. 1억 원을 분할해서 1인당 100만 원씩 나눠주면 된다고 생각하는 사람은 난세를 구할 수 없다.

정치는 산수가 아니다. 1억 원을 가진 사람은 가질 만하니까 가지고 있는 것이다. 지배 영역의 유력자를 죽이고 재산을 분배하면 통치가 유동적이 되어 더욱 불안정해질 가능성이 있으며, 애초에 죽일 수 있다는 보증도 없다.

조조는 호족이나 명사가 지닌 대토지에는 손을 대지 않고, 전란으로 황폐해져 버려진 토지를 정비한 뒤 유민을 불러들여서 볍씨를 주고 소를 빌려줘 그들 스스로 일하게 만들었다. 그리고 수확의 60%는 세금으로 징수했다.

사회가 불안정한 이유는, 대토지 소유자의 존재 때문이 아니라 유민이 생활할 수 없기 때문이다. 그들이 안정된 자산을 가진다면 공산주의 같은 평등은 필요 없다. 이것이 '명군' 조조의 새로움이다.

이리하여 헌제라는 정치적 정통성, 청주병이라는 군사적 기반, 둔전제라는 경제적 기반을 모두 갖춘 조조는 천하의 명운을 건 싸움에 나선다. 원소와 한판 승부를 벌이는 관도대전이다.

관도대전에서는 하옹그룹의 허유가 가져온 오소급습책烏巢急襲策55을 채용해서 승리를 거뒀다. 그리고 그 승리는 허에서 헌제를 지키면서 군량을 공급하고, 명사의 인맥을 활용하여 원소 진영의 정보를 수집하고 분석한 순욱의 공적에 크게 기대어 있었다.

그런데 적벽대전에서 패하자 조조는 자기 권력의 강화와 후한을 대신할 조위의 건국을 우선하게 된다. 중국통일보다, 유교가 정통화한 한나라를 멸망시키는 일이 급선무라고 판단했던 것이리라.

앞에서 살펴본 대로 이 일을 계기로 조조와 순욱의 관계는 급속하게 악화된다. 조조를 위공으로 추천하자며 동소가 상담해오자 순욱은 유교적 이념을 들어 비난했고, 이로 인해 양자의 대립은 결정적이 되었다. 이윽고 순욱은 죽음으로 몰린다.

군주에게 공신의 처우만큼 어려운 것은 없다. 전한 유방의 무장으로 항우를 격파했으며, 배수의 진을 친 것으로도 유명한 한신은, 모반의 누명을 쓰자 "교활한 토끼가 죽으면 필요 없어진 사냥개를 삶아먹는다"라는 범려의 말을 빌려 자신의 처지를 표현했다.

천하통일을 위해서는 필수 불가결했던 공신의 강대한 힘은 통일 후에는 오히려 불안요소가 된다. 중국 역사상 천하통일 이후에 공신을 숙청하지 않은 황제는 후한의 광무제 유수와 북송北宋의 초대 황제인 조광윤趙匡胤뿐이다.

하지만 조조는 아직 천하통일로 가는 도중이었다. 순욱을 살해한 뒤 일어날 신하들의 동요를 막아야 했다.

대부분의 군주들은 이럴 때 순욱의 근친자를 발탁하거나 순욱의 가치관을 계승하는 회유책을 쓴다. 하지만 '명군' 조조는, 순욱과 그의 후계자 명사들이 떠받드는 가치이자 한나라를 정통화하는 사상인 유교에 대비되는 새로운 가치관을 제시하여, 유교를 상대적 가치관으로 끌어내린다. 회유책이 아니라, 대척점에 서 있음을 더욱 분명하게 드러냈던 것이다. 조조가 그 수단으로 선택한 새로운 문화가 문학이다.

순욱을 죽음으로 몰기 2년 전, 조조는 이미 인재등용의 방침으로 유재주의를 들고 나오며 공식적으로 선언했다.

> 청렴결백한 인물이 아니라, 진평陳平, 전한을 건국한 유방의 공신처럼 형수와 밀통하고 뇌물을 받는 자라 하더라도 오직 재능만을 기준으로 삼아 인재를 등용하겠다.

이는 유교로부터의 명백한 일탈이다. 이미 조조는 자신의 사상적 위치를 한나라의 정통성을 지탱한 유교에서 멀리 두려 하고 있었다.

조조는 거병 때부터 이러한 생각을 가지고 부하들을 등용해왔다. 조조가 그 죽음을 안타까워한 곽가는 성품에 문제가 있어 사람들이 꺼려했었고, 정욱은 한때 인육으로 군량을 만들기도 했었다. 전위는 병사 출신이었고, 악진은 낮은 직위에 있었다. 가후는 동탁의 잔당에 속했었고, 장합, 서황, 장료, 방덕은 조조가 상대했던 적의 부하들이었다. 그들의 재능을 높이 사 등용했고, 조조의 기대를 저버리지 않는 활약으로 조조의 세력을 강하게 만들었다.

여기서 멈추지 않고, 조조는 문학의 선양도 개시한다. 조조의 살롱에서 발전한 건안문학建安文學은 중국사상 최초의 본격적인 문학 활동으로 평가된다.

조조는 직접 오언시의 악부樂府, 곡에 맞춰 짓는 시를 지어서 자신의 정통성을 소리 높여 노래했다. 당나라의 이백李白과 두보가 장기로 삼은 오언시는 조조에 의해 발흥勃興했다. 물론 이전에도 자신의 내적인 가치기준에서 문학을 최고의 가치로 여기는 사람은 있었다. 그러나 당나라 이후 시행된 과거처럼, 시작詩作 같은 문학적 재능을 평가받아 높은 관직에 임명되는 상황은 조조에서 시작된다.

조조는 오관장문학五官將文學이라는, 이름에 문학이 들어간 관직을 창설하여 문학적 재능을 기준으로 관리를 임명했고, 문학에 뛰어난 조식曹植을 총애하여 한때는 후계자로 염두에 둘 정도였다. 이리하여 문학은 조조의 의도 하에 유교와는 다른 새로운 가치로서 국가적으로 선양되었다.

도교라는 종교뿐만 아니라, 유교에 대항할 수 있으리라고는 생각지도 못한 문학이란 문화를 관직과 연계시켜 이용한 조조의 독자성에서

'명군'의 탁월한 정책을 볼 수 있다.

적벽대전에서 패하여 중국통일에 성공하지 못한 점을 들어 '조조가 지닌 명군'으로서의 창조성을 높이 평가하지 않는 사람도 있다. 소설 《삼국지연의》가 대표적이다.

그러나 중국사상 가장 훌륭한 '명군'으로 이름 높은 당태종이 반포한 율령체제는, 태종이 하나에서 열까지 창조한 것이 아니라 조조의 정책을 발전시킨 것이었다. 당나라 때 전성기를 맞은 오언시 역시 문화로서 높이 평가한 사람은 조조가 최초였다.

모택동이 중화인민공화국을 건국했을 때 조조의 재평가를 명했듯이, 새로운 시대를 창조한 조조는 삼국 시대를 뛰어넘어 높이 평가되어야 할 '명군'이다.

유비

■

인정을 베풀어 충성을 얻다

 공자가 시작한 유교에서 최고의 덕목인 '인'은, 《논어》〈안연편顔淵篇〉에 따르면 '사람을 사랑하는 것樊遲問仁子曰愛人'이며, 〈위령공편衛靈公篇〉에서는 '내가 바라지 않는 바를 타인에게 행하지 않는 것[己所不欲勿施於人]'라고 나온다. 배려, 진심이라고 하면 이해가 쉬울까.
 맹자는 공자의 사상을 계승하여 정치에서의 인을 '남의 아픔을 참지 못하는 정치'56, 즉 '사람들의 불행을 차마 보지 못하는 정치'라고 표현했다.

 《삼국지연의》에 묘사된 유비는 그야말로 '인정仁政', 민초에 대한 연민을 기본으로 한 정치를 한다.
 형주로 남하하는 조조에게 쫓겨서 번성에서 도망칠 때의 일이다.

유비를 따르는 신야와 번성의 백성들은 나이든 부모를 부축하고, 어린 자식들의 손을 끌며, 배가 부족한데도 속속 강을 건넜고, 강 양쪽에서는 통곡소리가 그치지 않았다.

그 모습을 본 유비는 눈물을 멈추지 못하고 말했다.

백성들의 고통 또한 모두 나의 탓이다. 미안하구나.

그리고는 갑자기 강물로 몸을 던지려 했다.

사서인 《삼국지》에는 이 정도의 기술은 없지만, 유비가 거치적거리는 백성들을 이끌고 패주한 것은 사실史實이다. 결과적으로 조운이 구해오긴 했으나, 난전 중에 행방불명이 된 아내와 자식을 구하란 명령을 내리지 않았다는 것 또한 사실이다.

백성, 신하 할 것 없이 모두 처자식과 뿔뿔이 흩어진 마당에 자신의 처자만 구하라는 명령 따위는 내리지 않는다. 바로 이것이, 적수공권으로 시작해서 일국의 주인이란 위치까지 올라간 '인군仁君' 유비가 지닌 카리스마의 근원이다.

유비는 자를 현덕玄德이라고 하며 유주 탁군 사람인데, 전한 경제의 아들 중산정왕 유승의 후예라고 한다. 그러나 한나라의 일족이라고 칭하긴 했으나, 짚신을 삼고 돗자리를 팔며 생활한 사회의 하층계급 출신이었다.

가문도 경제력도 없었던 유비는 관우와 장비, 조운 등을 이끌며 그

탁월한 무력으로 점차 이름을 알리기 시작한다. 사서에는 유비와 관우, 장비의 관계를 '잘 때는 침대를 함께 썼으며 은애함이 마치 형제와 같았다'라고 표현하고 있다. 《삼국지연의》는 이를 의형제의 서약을 맺는 '도원결의' 장면으로 연출한다. 또 유비와 조운의 관계 역시 '같은 침대에서 잠들었다'라고 하여, 관우와 장비와 동등한 관계였던 것으로 기록되어 있다.

이들로 대표되는 구신舊臣, 즉 유비가 제갈량을 맞아들이기 이전부터 따랐던 신하들과 유비 사이에는 '의형제'라고 표현해도 좋을 정도로 강력한 연대를 찾아볼 수 있다. 집단의 핵이 되어줄 일족이 없었던 유비는 타고난 카리스마를 바탕으로 관우나 장비 등과 정情으로써 단단한 연을 맺었고, 그들의 충성심을 자본 삼아 난세에서 두각을 나타냈다.

유비는, 그 자신이 이상으로 삼았을 전한의 건국자 유방과는 달리, 또한 《삼국지연의》가 창조한 성인군자상과도 달리, 결코 싸움에 재주 없는 자가 아니었다. 개인적인 전투능력도 높았고 전술도 뛰어났기에 용병집단을 이끌고 공손찬 → 도겸 → 여포 → 원소 → 조조 → 유표 순으로 군웅 사이를 건너다닐 수 있었다. 물론 각각의 군웅들이 유비를 맞아들일 때, 카리스마의 영향도 있었음은 말할 것도 없다.

유비처럼 모든 사람에게 받아들여지는 사람의 속성을 중국에서는 '덕'이라고 표현한다. '인군'이 지닌 카리스마를 잘 표현하는 단어다.

그러나 유비는 높은 전투능력에 비해 항상 지기만 했다는 인상을 준다. 그 이유는, 거점을 확보한 뒤 점령지역의 지배를 안정시킬 때 꼭 필요한 명사라 불리는 지식인을 진영에 두지 못했기 때문이다. 그래서 모처럼 얻은 근거지를 잃고 만다. 제갈량을 맞아들인 뒤부터 유비집단이 강력해진 까닭은 바로 이 약점을 제갈량이 메워주었기 때문이며, 유비의 군대 지휘 능력만 논한다면 조조가 "당세當世의 영웅은 그대와 나뿐이다"라고 말할 정도로 뛰어난 것이다.

유비가 유표의 객장으로 있을 때, 사마휘司馬徽는 유비에게 명사를 맞아들여야 한다고 설득했다. 이 무렵 예외적으로 평화를 유지하고 있던 형주에서는 사마휘와 송충宋忠을 중심으로 '형주학'이라는 유교의 신학파가 형성돼 있었다. 이들로부터 실천적으로 세상을 구하려는 제갈량과 방통 같은 이들이 높은 평가를 받고 있었다.

유비는 이 집단을 주목하여, 서서에게 명하여 제갈량을 불러들이려 했다. 처음부터 세상에 이름 높은 이를 모시는 삼고의 예를 다하려 한 것은 아니었다.

당시 명사는 사회적 지위와 자존심이 높았는데, 일례로, 제갈량의 친구인 유파는 유비집단에 들어온 뒤 집단의 중심인물인 장비가 찾아와도 "일개 무사와 함께 말을 나눌 수 없다"라며 어울리려 하지 않을 정도였다.

장비와 마찬가지로 명사들과는 출신계층을 달리했던 유비는, 제갈량을 불러들여서 형주 명사들의 인정을 받고, 그들의 위에 서겠다는 계산이 있었을 것이다.

그런데 서서는 이를 제지하며 유비가 직접 제갈량을 찾아가게 만들었다. 관우나 장비를 중심으로 하는 용병집단에서 제갈량 등의 명사가 중심이 되는 집단으로, 집단의 방향성을 크게 전환한다는 사실을 내외에 선전하기 위해서다.

'인군' 유비는 이 절차를 수용하여 직접 제갈량을 세 번 방문했고, 제갈량이 제시한 기본방침인 '천하삼분지계'를 행동의 지침으로 삼았다.

물론 관우와 장비로 대표되는 구세력은 불만이었다. 유비는 그들에게 이렇게 말했다.

> 내게 제갈량이 필요한 것은 마치 물고기가 물을 필요로 하는 것과 같다. 그러니 불만을 말하지 말아 주게.

유비는 이런 말로 관우와 장비가 집단의 변용을 받아들이게끔 설득했다. 이렇게 해서 유비는 적벽대전 이후 장악한 형주 남부를 비로소 확실한 근거지로 만들게 된다.

그렇게 얻은 힘을 바탕으로 익주를 정복한 유비는 한걸음 더 나아가 조조를 격파하고 한중을 빼앗았다.

이 무렵의 조조는 중국 전역을 제압하는 일보다 한나라를 멸망시킬 준비에 정력을 쏟고 있었다. 조조가 죽고 뒤를 이은 조비가 한나라를 멸망시키고 위를 건국하자, 유비는 그를 인정하지 않고 한계한季漢(촉蜀**57**에 세운 한나라란 의미로 보통 촉한이라 부른다)을 건국, 한나라 부흥의 뜻을 실현했다.

그러나 그 직전에 형주를 지키던 관우가 오의 배신으로 전사했다. 그 때문에, 정으로 맺어진 관우를 아낀 '인군' 유비는 뜻을 실현했음에도 우울해할 뿐 즐거워하지 않았다.

마침내 유비는 관우의 복수를 하기 위해 제갈량의 기본방침에 반하여 오로 공격해 들어간다. 조운이 반대한 데서 알 수 있듯이, 촉한의 불구대천의 적은 조위였고, 관우의 복수는 유비의 개인적인 감정의 폭주에 지나지 않았다. 일국의 황제인 자가 신하가 전사했다는 이유로 직접 군을 이끌고서 본래 적국도 아닌 오를 침공하다니, '명군' 조조였다면 있을 수 없는 선택이었다.

《삼국지연의》에서는 조운과 함께 제갈량도 동정東征을 제지하려 한다. 그러나 《삼국지》에는 제갈량이 동정에 반대했다는 기록이 없다. 제갈량은 '인군' 유비의 매력과 위험성을 잘 이해했던 것으로 보인다.

관우에 대한 애정을 우선하는 '인군'의 카리스마에 사람들이 모여들었다. 그러나 송양지인宋襄之仁[58]이란 말도 있듯이, 인이란 가치는 인간으로서는 올바르다 해도 정치적으로는 옳지 않은 경우도 있다. 그 양면성을 잘 이해한 제갈량은, 높은 평가를 받고 있던 유비의 군사적 재능과 카리스마에 형주 탈환의 가능성을 걸었으리라.

결국 유비는 이릉대전에서 오의 육손에게 패퇴하여 백제성에서 그 생애를 마감한다.

아들인 유선에게 불안을 남기긴 했으나, 자신의 생애에는 만족하지 않았을까. 관우와 장비와 함께 바닥에서 시작하여 나라를 일으키고, 한나라 부흥이라는 뜻을 실현한 뒤 관우와 관우의 복수 직전에 살해된 장비를 위해서 싸우다 죽는다.

'인군' 유비의 카리스마는 이렇게 해서 완결되었다. 확실히 유비의 '정'은 지나친 감이 없지 않다. 하지만 그 정 덕분에 삼국 시대를 대표하는 관우, 장비, 조운과 대상인인 미축, 재사인 간옹과 손건, 명재상 제갈량의 지지와 믿음을 얻을 수 있었다. 그리고 그 반대 급부로 정 덕분에 촉 국력의 상당 부분과 인재들을 잃었다.

그렇지만 만약 촉 정권을 수립한 뒤 대의명분에 따라 관우의 복수를 포기하고 위 정벌에 집중했다면 〈삼국지〉를 읽는 우리의 머리에 유비의 모습은 깊게 각인되지 못했을 것이다. 유비가 가진 인간적인 약점이 그의 매력이고, 결과적으로 이릉전투로 인해 남은 이들이 힘들어지기는 했지만(인재와 병력 손실 측면에서 당시 촉 국력의 2/3를 잃었다 해도 과언이 아니다), '인군' 유비다운 퇴장이라고 할 수 있다.

그리고 유비의 그런 매력은 결국 남아 있는 제갈량, 조운 등에게 전력을 다해 북벌을 계속하게 만들었으며, 《삼국지연의》의 주역으로 후세의 우러름을 받게 했다.

손권

호족과의 화합으로 권력을 지탱하다

중국의 군주는 막강한 권력을 지닌다. 따라서 그 쟁투는 피로 점철된 권력투쟁을 부른다. 가장 많은 경우는 형제간의 다툼이다. 군주의 아들이 태어나면, 형제는 서로 돕는 사이가 아니라 오히려 경쟁관계가 된다고 보면 된다.

〈삼국지〉에서도 원소의 아들인 원담과 원상, 유표의 아들인 유기와 유종, 그리고 조조의 아들인 조비와 조식이 격렬한 후계자다툼을 벌였다. 그에 비해 형인 손책의 급사로 집단을 이어받은 손권은 순조롭게 형의, 그리고 아버지 손견의 유산을 계승할 수 있었다.

손견의 유산은 정보와 황개, 한당 같은 무장들이었다. 뒤를 이은 손책은 양주 제일의 명사 주유의 협력을 얻어 강동을 제압했다. 다만 이

과정에서 강동의 중심인 오군을 대표하는 명사 육강陸康의 일족을 주살한 일은 마이너스 유산이 되었다. 창업 도중에 쓰러진 아버지와 형의 뒤를 이어, 그 플러스와 마이너스 양면의 유산을 계승하여 일국의 주인이 된 자가 '사군嗣君' 손권이다.

손권은 자를 중모仲謀라고 하며, 19세에 형의 뒤를 이었다. 서주에서 양주로 이주한 북부 출신의 명사를 대표하는 장소와 양주 제일의 명사 주유의 보좌를 받아 정권을 막 안정시켰을 무렵, 위기가 닥친다.

원소를 쳐부수고 화북을 통일한 뒤 형주로 남하한 조조는, 직전에 병사한 형주목 유표의 뒤를 이은 유표의 차자次子 유종의 항복을 받아 양양을 탈취했고, 이어서 손권에게 귀순을 요구하는 서한을 보내왔던 것이다.

정권은 크게 동요했다. 부하들 사이에서는, 장소와 진송秦松 등 조조의 세력권에 고향을 둔 명사들을 중심으로 조조에게 귀순해야 한다는 의견이 강했다. 그 이유는 노숙이 손권에게 설명한 말을 보면 명확하게 드러난다.

> 저는 항복해서 조조를 맞이하면 고향에서의 명성에 따라 나름대로의 관직에 앉을 수 있으나, 장군께서는 그러실 수 없습니다.

형주에서 항복을 주장한 명사는 조조 정권하에서 나름대로의 지위를 받았다. 장소처럼 북에서 온 명사들은 자신이 지닌 명성에 손권을 투항시켰다는 공적까지 더해져서 조조의 후대를 기대할 수 있는 상황이었다.

한편, 형이 남긴 최대의 유산인 주유는 손권을 지지하며 주전론을 폈다. 그런 그를 노숙의 전략이 뒷받침했다. 장소를 비롯한 신하들은 '한나라로 귀순한다'라는 점을 명분으로 들어 조조에 항복할 것을 주장했지만, 노숙은 한나라의 부흥에 집착하지 않고 손권에게 즉위하라고 권했다. 그에 따라 세운 노숙의 전략은 현실적이었다.

> 조조는 강하고 한나라는 부흥할 수 없습니다. 강동을 거점으로 천하를 삼분한 뒤 천하의 변화를 기다려야 합니다. 그러려면 유비가 필요합니다.

노숙은 손권을 설득하여 제갈량과의 회견을 주선하며 유비와의 동맹을 추진한다.

이런 상황 속에서 주유의 주전론 쪽으로 손오의 여론이 결정되었다. 양주에 미치는 주유의 영향력으로 반대론을 압도했던 것이다. 또 주유가 이끄는 오나라의 주력군은 일관되게 주전론을 지지하고 있었다. 아버지 손견의 유산인 무장들은, 정보가 부장副將으로 주유를 돕고 황개가 조조 수군의 밀집대형을 보고 화공을 실행하는 등 승리에 크게 공헌했다.

그런데 적벽대전이 끝나고 2년 뒤 주유는 후사를 노숙에게 맡기고 병사한다.

손권에게 주유는 둘도 없는 소중한 신하였다. 육강을 죽인 탓에 강동 명사와의 관계가 좋지만은 않은 손씨에게 양주를 대표하는 명사 주유는 필수불가결한 존재였다. 군주인 손권을 신하들이 그리 존중하지 않을 때 주유만이 솔선해서 경의를 표했고, 그 덕분에 상하관계가 확립되었다고 한다. 그 같은 역할을 서주 출신인 노숙에게 기대하기는 무리였다.

물론 주유가 평가한 노숙의 능력이 낮을 리 없다. 특히 그의 전략안戰略眼은 주유도 능가한다. 적벽대전에서 힘을 쓰지 않은 유비가 형주 남부를 영유한 일을 두고, "유비가 거점을 얻을 때까지 형주를 빌려준다"라는 논리로 오의 내부를 납득시킨 사람도 노숙이었다.

후에 유비가 익주를 영유하자 손권은 형주 남부의 반환을 요구한다. 이때 노숙은 단독으로 관우와 회견하여 영유권을 주장하는 관우를 논파했다. 덧붙여, 이 교섭은 경극이나 《삼국지연의》에서는 관우가 노숙을 압도하는 〈단도회〉라는 장면으로 유명하다.

그러나 역사에서는 회견 뒤 유비가 상수湘水 이동以東의 형주를 손오에게 반환하여 문제를 해결한다. 손오 내부에서 끓어오르는 반대론을 무릅쓰고 형주를 빌려준 사람이 노숙이었음을 유비와 관우는 잘 이해하고 있었다.

그러나 주유에 이어 노숙마저 병사하고 만다. 후사는 노숙이 높이 평가한 여몽에게 맡겨졌으나, 여몽은 노숙만큼 장기적인 시야를 지니지 못했다. 이 때문에 관우가 번성에서 조인을 공격하자, 위나라와 동맹을 맺고 배후에서 관우를 공격하여 형주를 탈환한다.

분명 형주는 되찾아왔다. 그러나 '정이 깊은 사람' 유비를 적으로 돌리고 말았다. 유비는 관우의 복수를 위해 맹렬한 기세로 쳐들어왔다. 여몽도 이미 병으로 죽고 없었다. 《삼국지연의》는 이를 두고 신이 된 관우가 내린 벌이라고 설명한다.

유비를 맞아 싸운 이가 육손이었다. 그러나 손견 때부터 출사한 장군들은 그의 지휘에 불만을 품었다. 이 무렵부터 손권은 형과 아버지의 유산에서 벗어나 자신의 힘으로 권력을 확립할 필요성을 느끼기 시작했다. 다행스럽게도 양자의 대립은 이릉대전에서 육손이 유비를 격파한 덕분에 회피할 수 있었다.

유비를 격퇴한 손권은 조위와의 관계도 끊고 자립한다. 손권이 승상을 두려 하자 신하들은 당연하다는 듯이 장소를 천거했다. 그러나 손권은 승상의 직무가 다망하다는 이유로 북부 출신의 명사 손소孫邵를 승상으로 삼았다. 손소의 전기는 사서에 남아 있지 않다. 그 정도로 차가운 시선을 받았기 때문이 아닐까.

몇 년 안 돼 손소가 죽었다. 그러자 신하들은 다시 장소를 후보로 올렸다. 그러나 손권은 장소가 강직하여 군주의 의견에 거역한다는 이유로 고옹顧雍을 승상으로 삼았다.

적벽대전 때 항복을 주장한 장소를 승상에 임명한다면 사람들은 군주의 권력을 가벼이 여길 것이다. 손권은 신하의 여론에 따르지 않는 방법으로, 주유와 노숙의 사후 약체화한 군주권력을 다시 세우려 했다.

마침내 황제가 된 손권은, 장소에 대한 지지로 상징되는 군주에 대한 명사들의 자율성에 공격을 가하기 시작한다. 이 무렵 조위의 압박을 받은 요동의 공손연이 손오로의 귀순할 뜻을 전달해왔다.

손권은 기뻐하며 공손연을 연왕에 봉하려 했으나, 장소는 공손연은 신뢰할 수 없다며 완강하게 반대했다. 하지만 손권은 장소의 의견을 듣지 않고 동맹을 위한 사자를 파견한다. 이에 분노한 장소는 병을 이유로 출사하지 않게 된다. 손권은 그 같은 행동을 원망하며 장소의 집 문을 흙으로 막는다. 그러자 더욱 화가 난 장소는 문 안쪽을 흙으로 발라버려서 절대로 출사하지 않겠다는 태도를 보인다.

그러나 요동으로 파견한 사자가 공손연에게 살해되자, 자신의 잘못을 깨달은 손권이 장소의 집까지 찾아가서 그를 부르지만 장소는 대답하지 않았다. 애를 태우던 손권은 문에 불을 질러서 장소를 위협하지만 장소는 더욱 굳게 문을 걸어 잠갔다. 이런 와중에, 군주를 두려워한 장소의 아들이 장소를 안고 나오자 손권은 자신의 마차에 태워서 궁중으로 돌아간 뒤 장소에게 깊이 사죄했다.

이 사건이 한창 극으로 치달을 때, 손권은 장소에게 "손오의 신하는 궁중에 들면 나에게 고개를 조아리지만 밖에 나와서는 그대에게 절한다. 나는 그대를 이 이상이 없을 정도로 존중하는데, 그대는 나를 종종 중신들 앞에서 몰아붙인다. 이래서야 나라를 망치는 행동이 아닌가"라고 힐문했다. 손권의 이 말에 양자의 대척점이 집약돼 있다.

여기서 손권이 문제 삼은 것은 군주를 중심으로 하는 서열이 궁중에서는 통용돼도 사회에서는 존중받지 못한다는 점이다. 즉, 손오의 신하는 군주로서 손권이 지닌 권력과 명사 장소의 권위를 동등하게 보았던 것이다.

명사, 즉 지역 유지(호족)와의 화합으로 권력을 유지하던 손권은 군주권력 강화에 힘쓰지 않을 수 없게 되었다. 그로 인해 '이궁사건二宮事件'이 일어난다.

손권은 황태자인 손등孫登이 일찍 죽자 손화孫和를 황태자로 삼았다. 그런데 손화의 생모 왕부인이 손권의 딸인 전공주全公主와 사이가 나빴기 때문에, 전공주의 중상모략으로 손화는 얼마 안 가 손권의 총애를 잃는다. 대신 이복형제인 노왕魯王 손패孫覇가 황태자의 지위를 노리게 되었다.

이 시점에서 후계자다툼인 이궁사건은 시작되었다. 승상인 육손은 유교 원칙에 따라 황태자를 옹호했고 명사 대부분도 찬동했다. 그러나 노왕파는 손권의 총애를 배경으로 세가 강력했다. 결국 손권은 양쪽 모두를 처벌하여, 황태자인 손화를 폐위하고 노왕 손패를 살해한 뒤 막내인 손량孫亮을 황태자로 삼았다.

이궁사건에 직접 관여한 태자태부太子太傅, 황태자의 후견인 역 오찬吳粲과 주거朱據, 노왕파인 양축楊竺은 책임을 물어 주살했다. 이에 더해 손권이 육손한테까지 사자를 보내서 책망하자, 육손은 분노한 나머지 몸을 망쳐서 죽는다. 육손의 죽음은 강동 명사들에게 손오에 대한 실망감을 안겨주기에 충분했다.

손권의 군주권력 강화책은 실패로 끝나고, 손오는 언제 멸망해도 이상하지 않은 정권으로 전락했다.

형의 죽음으로 집단을 이어받은 손권은, 형에게 아들이 없었던 덕분에 순조롭게 그 유산을 계승하여 손오를 훌륭하게 발전시킬 수 있었다. 그 밑바탕에는 오늘날 지역 주민들로 대변할 수 있는 명사들의 협조를 얻었기 때문이다. 양주 제일의 명사 주유를 공경하고, 명사의 대표 장소를 존중했다. 또 다른 명사 노숙을 신임하였으며, 형인 손책이 주살한 오군 육씨의 후손 육손을 후대하여 강남 명사들과의 관계를 우호적으로 유지하는 데 힘을 기울인 덕분이다.

그러나 너무 명사들의 신뢰를 얻기 위해 행동하다보니 정작 중요한 순간 군주권력이 힘을 발휘하지 못하는 사태가 오고 말았다. 적벽대전 직전의 주전과 항복의 논의가 그랬고, 간신인 장소의 끝없는 직언이 그랬다. 이궁사건 역시 그 일의 연장선상이다. 또한 주유, 노숙과 달리 장소에 대해 신뢰가 깊지 않아 중재자의 역할을 수행하지 못한 부분도 있다.

덕분에 손권 자신은 부친과 형의 유산을 물려받아 잘 유지했으나 정작 그 자신은 자식들이 벌인 후계자다툼을 막지 못하여 유산을 제대로 물려주지 못했다. 이로 인해 손오는 한동안 군주보다는 명사를 중심으로 하는 권력가들이 횡행하게 된다. 2대 황제 손량의 측근으로 전권을 휘두른 제갈근의 아들 제갈각諸葛恪, 그런 제갈각을 제거하고 집권하게 된 손준孫峻, 손준의 뒤를 이어 집권한 종제 손침孫綝이 권력을 휘둘러 황제의 권력은 더욱 약화되었다.

3대 경제 손휴孫休 때에 이르러서야 손침을 제거하고 비로소 군주권력을 되찾게 된다. 하지만 손휴 또한 7년 만에 요절하여 군주권력 강화 작업은 후임인 손호孫皓에게로 넘어간다.

이처럼 거대한 힘이 집중되는 군주권력의 계승은 그 정도로 어려운 일이다.

조비 · 조예

■

공적인 일에 사적인 관계를 배제시키다

중국 정치학의 고전으로, 당 태종 이세민과 신하 사이에서 오간 토론을 정리한《정관정요》에서 가장 유명한 대목은 창업과 수성 중 어느 쪽이 어려운가를 놓고 토론하는 장면이다.

재상 방현령房玄齡은 창업의 어려움을, 간신인 위징은 수성의 어려움을 주장했는데, 태종은 "이미 창업의 어려움은 지나갔으니, 수성의 어려움을 생각하여 신중하게 행하고 싶다"라고 선언했다.

태종은 어느 쪽이 어려운지 판단하지 않았다. 그런데 현재에 이르기까지 줄곧 이 토론은 '수성은 창업보다 어렵다創業易守成難'라는 말의 전거로 쓰여 왔다. 수성을 어렵다고 생각하는 자가 그 정도로 많았던 것이다.

특히 창업자가 뛰어날수록 수성은 어렵다. 비교되기 때문이다. 그 같은 상황에서 창업자의 뒤를 이어 흔들림 없이 국가를 계승한 수성의 군주가 '명군明君'이다. 광무제 유수의 창업을 계승한 후한의 2대 황제 유장劉莊에게 명제明帝란 시호가 붙여진 이후로, 중국 사서에서는 수성의 군주에게 '명明'이란 한자를 붙이는 경우가 많다. 우리가 쓰는 '명군'과는 의미가 다른 이유는 그래서이다.

삼국 시대에서는 창업의 군주인 조조의 뒤를 이은 조비가 '명군'에 해당하지만, 조조가 위를 건국하지 못하고 죽었기 때문에 형식상으로는 조비가 창업의 군주가 되어 문제文帝란 시호가 붙었다. 명제란 시호를 받은 사람은 조비의 아들 조예인데, 평가가 엇갈리는 군주다.

조비는 자를 자환子桓이라고 하며, 조조의 적장자였다. 위왕의 자리를 계승한 뒤 한나라 헌제의 선양을 받아 조위의 초대 황제가 되었다.

조비는 '공公'적으로 국정을 운영하려 애썼다. 아버지 조조가 순욱을 살해하면서 손상된 명사들과의 관계를 수복하기 위해서다.

후한 쇠퇴의 원인이 된 외척과 환관의 전횡은, 황제의 어머니 일족인 외척이나 항상 곁에서 시중드는 환관 같은 황제의 '사私'적인 관계자가 권력을 휘두른 데 원인이 있었다. 조비는 외척의 국정 개입을 금지하고 환관이 관청의 장관 이상으로 승진하는 것도 금했다. 또 조씨 일족의 정치 참여를 제한했으며 인사 기준도 유교에 두었다.

순욱의 사위인 진군의 헌책獻策으로 제정된 구품중정九品中正이란 관료 등용제도는, 모든 군에 설치된 인물추천 전담관인 중정관中正官이 임명

희망자를 대상으로 향리에서의 명성에 따라 일품에서 구품까지의 향품鄕品, 등급을 부여하면, 임명 희망자는 그에 따라 원칙적으로 사품 아래 관품官品, 향품이 이품이라면 육품의 벼슬부터 시작하여, 이후 평생에 걸쳐서 향품과 같은 관품까지 출세(향품 이품을 받았다면, 최종적으로 관품 이품까지 승진할 수 있다)하는 제도다. 이때 인물을 평가하는 기준은 유교에 두었다.

조비는, 명사들이 가치관의 중심으로 여기는 유교를 구품중정제도의 기준으로 채용하여 명사와의 관계를 수복했고, 수성에 노력했다.

다만 그의 치세는 6년도 못 채울 정도로 짧았기에, 조위의 수성은 아들인 명제 조예에게로 넘어갔다.

중국 역사에서 명제 조예曹叡에 대한 평가는 낮다. '사'적인 궁전의 조궁造宮에 몰두하다가 결국 사마의에게 권력을 빼앗겼기에, 조위가 멸망으로 가는 길을 연 군주라고 보기 때문이다.

그러나 명제는 재평가되어야 한다. 사치라고 비판받아온 행위를 다시 돌아볼 필요가 있다.

조예의 치세는 청룡 2년靑龍 2年(234)을 경계로 전반과 후반으로 나뉜다. 이 해촉한의 건흥 12년에 제갈량이 오장원에서 진몰했기 때문이다. 이 사건으로 조위는 외압이 줄어들었다.

이때까지의 조예는 아버지 조비가 실시한 명사우대정책을 계승할 수밖에 없었다. 제갈량과 싸우기 위해 사마의에게 군권을 쥐어준 일은 그 전형적인 예다.

조조 때는, 조씨와 하후씨가 아닌 사람에게는 원칙적으로 일만 이상의 병사를 지휘할 권한이 주어지지 않았다. 그러나 제갈량에게서 조위를 지킨다는 '공'적인 목적을 위해서, 조예는 조씨의 '사'적인 권력이 약화되는 상황을 무릅쓰고 사마의의 군권을 유지시켜 주었다.

그런데 제갈량의 죽음으로, 국가 전체를 위해 명사와 타협하는 것보다 조씨가 지닌 '사'적인 권력의 재편을 우선할 수 있는 상황으로 바뀌었다.

조예는 제갈량이 죽은 다음 해부터 낙양의 태극전과 소양전을 비롯하여 궁전, 누문樓門, 어원御苑을 만드는 대규모 공사를 시작한다. 이 궁전 조궁은 '명제의 사치'라 불리며 줄곧 비판의 대상이 되어왔다.

제갈량이란 외압이 제거되자 '사'적인 사치를 위해 궁전을 조궁한다. 확실히 암군暗君의 행위라고 해석하면 이해하기 쉽다.

그러나 조위 낙양궁의 특징이 별자리 위치를 모방하여 궁성을 배치했다는 데 있음을 떠올리면 의미가 달라진다. 하늘의 별자리를 본떠서 그 모양을 지상에 재편성한 것은 천자가 지닌 황제권력의 근원이 하늘에서 유래하며, 하늘과 천하의 정치가 밀접한 조응관계照應關係에 있음을 표현한 것이다. 황제권력의 강화라는 면에서 중요한 의미를 지닌 조궁이었다는 의미다.

물론 명사들은 궁전 조궁을 비판했다. 이에 대해 조예가 전한의 승상인 소하蕭何의 고사(아직 항우와 치열하게 싸우고 있는 와중에 장안에 커다란 궁전을 건설하여 비판받았으나, 유방에게 안정된 군주권력을 위해서는 꼭 필요한 일이라고 주장했다)를 전거로 들며 변명한 데서 알 수 있듯이, 조예는 궁전의 조궁은 국가적으로 필요한 사업이라고 생각했다. 제갈량과의 사투를 치르는 동안 상대적으로 약화된 조씨의 권력을 궁전 조궁을 통해 다시 강화하려 했던 것이다.

그러기 위해서 제일 먼저 해야 할 일은 사마의의 군권 박탈이다. 조예는 사마의에게 복종과 반역을 반복하는 요동의 공손씨를 토벌하라고 명령했다. 조예의 내심은 이랬을 것이다.

- 요동은 멀다.
- 낙양의 정국에서 사마의의 영향력을 배제할 수 있으리라.
- 게다가 사마의가 고전한다면 그를 구실삼아 군권을 박탈할 수도 있다.

실제로 사마의에 앞서 조예가 파견한 관구검은 공손연에게 격퇴되었다. 그런데 사마의는 요수에서 만반의 준비를 끝내고 기다리던 공손연의 허를 찔러서, 그의 본거지인 양평으로 돌입, 단숨에 공격을 퍼부어 공손씨를 멸망시켰다.

더욱 안타까운 일은 이 무렵 조예가 병으로 쓰러진 것이다. 그래도 조예는 임종을 맞이하여, 숙부인 연왕 조우를 필두로 종실인 조상, 조조曹肇, 종실에 준하는 하후헌夏候獻, 조조의 부인이 데려온 아이로 궁중에서 자란 진랑秦朗 등에게 일족과 종친이 힘을 모아 어린 황제 조방을 보좌하라는 유조遺詔를 남겨서 사마의의 힘을 억누르려 했다.

그러나 평소 조씨 일족에게 원한을 품은 중서감中書監, 황제의 사적인 비서 업무를 보는 중서성의 장관 유방과 중서령中書令, 중서성의 차관 손자는 황제의 유언을 왜곡하여, 조상과 함께 사마의를 보정輔政으로 지명했다. 이렇게 해서 조예의 뜻과는 정반대되는 상황이 벌어지고 말았다.

명제 조예에 대한 악평은 결과론에 지나지 않는다. 조예는 수성의 '명군'으로서 최선을 다해, 전반부에는 재능 있는 이에게 권력을 주어 제갈량에게서 나라를 지켰고 후반부에는 비록 마무리 짓지는 못했지만 사마의에게서 권력을 빼앗아 조씨를 지키려 했다.

위 왕조를 세운 조비와 함께 조예를 성공한 리더로 보는 것은 바로 앞의 이유 때문이다. 그리고 뒤의 이유로 동시에 실패한 리더로 볼 수밖에 없기도 하다.

창업이수성난創業易守成難.

그만큼 수성이란 어려운 일이다.

02
실패에서 배우는
리더의 지혜

동탁

■

지나친 강요는 반발을 산다

폭군暴君은 문자 그대로 모든 일에 폭력으로 일관하며 모든 것을 파괴하는 군주다. 다만 그가 파괴하는 것에는 구체제의 가치관도 포함된다는 점에 주의해야 한다.

인도의 힌두교에서 가장 인기가 높은 시바신은 파괴의 신인 동시에 창조신으로서의 성격도 겸비한다.

스크랩 앤드 빌드scrap and build란 말처럼, 새로운 시대를 열려면 그 전에 먼저 구체제의 가치관을 파괴할 필요가 있기 때문이다.

동탁은 자는 중영仲穎으로 천성적으로 무예에 뛰어났으며, 보기 드문 완력의 소유자로 활집을 두 개씩 차고 질주하는 말 위에서 좌우로 활을 쐈다고 한다. 걸출한 무용을 지닌 동탁이 이끄는 군대는 후한말의 군웅 중에서도 손에 꼽힐 정도로 강력했다. 정원을 배신하고 동탁군의 무장이 된 여포 개인의 무력도 대단했지만, 누가 뭐라 해도 동탁군의 강력함은 그가 이끄는 양주병의 힘에서 나왔다.

후한 중기 이후 양주는 티베트계 유목민인 강족과의 격렬한 싸움이 계속된 지역이었다. 파괴의 군주는 변경 이민족과의 싸움으로 단련된 흉악한 병사들과 함께 중앙으로 들이닥쳤다.

동탁이란 존재를 불러들인 계기는 후한의 정치적 부패였다. 외척황후의 일족과 환관은 궁중에서 내부 항쟁을 되풀이했고, 향리사회에서 후한을 지탱하던 호족 출신의 관료들을 '당고의 금錮黨錮之禁'[59]으로 탄압하여 국가에서 배제시켰다.

> 창천蒼天=한나라은 죽었으니 황천黃天이 마땅히 서야 한다.[60]

이런 외침과 함께 후한 타도를 위해 봉기한 황건의 난이 노식과 주준朱儁, 손견을 발탁의 손에 평정된 뒤에도 후한의 말기적 증상은 여전했다.

외척과 환관의 대립이 그칠 기색이 없자, 외척인 하진은 천하의 병사를 수도 낙양으로 모아서 환관을 주멸誅滅하려 했다. 양주의 동탁, 병주의 정원, 태산의 왕광王匡, 동군의 교모橋瑁 등 여러 장수가 이에 응했지만, 군사를 이끌고 낙양으로 향하던 도중에 하진은 계획을 눈치 챈 환관에게 살해당했다.

이에 원소는 하진의 부하와 함께 환관을 몰살시키려 하는데, 이 혼란의 와중에 소제少帝와 진류왕陳留王, 이후의 헌제은 궁중에서 쫓겨나 어쩔 수 없이 유랑길에 오른다.

양주에서 올라오는 길에 운 좋게 이들과 만난 동탁은 소제를 등에 업고 낙양으로 입성, 하진의 부하를 자신의 군으로 흡수했고, 동시에 여포를 꼬드겨 정원을 살해케 한 뒤 그 군세까지 병합하여 무력으로 정권을 장악했다.

동탁군은 이민족까지 포함하여 3천 남짓한 정예병이었다. 그러나 조정을 압도하기에는 수가 적었다. 그래서 동탁은 아침에 입성한 군을 밤중에 다시 성 밖으로 내보낸 뒤 몇 번씩 낙양에 입성시키는 계략을 써서 수많은 군세를 거느린 것처럼 가장했다.

또한 제祭를 지내려 사당에 모인 백성들을 학살하고 재산을 빼앗았으면서도 도적을 공격해서 대량의 포획물을 얻었다고 거짓 소문을 내는 등 압도적인 힘을 과시해서 권력을 확립했다. 게다가 원소에게 황제 폐위 계획을 제안하며, "유씨의 자손은 이제 필요 없다"라고 공언했다.

진시황이 황제제도를 완성한 이후로 황제가 폐위된 경우는 두 번밖에 없다.

첫 번째는 전한 무제의 사후에 압도적인 권력을 쥐고 있던 곽광霍光이 행한 폐위다. 쫓겨난 황제에게도 잘못이 있어 사리사욕에서 한 짓은 아니었으나, 곽광의 사후 그의 일족은 몰살당했다.

두 번째 폐위는 왕망이 자행했는데, 이로 인해 전한은 멸망하고 신나라가 건국되었다.

왕망을 타도하고 후한을 부흥시킨 광무제 유수는 유교를 이용해서 한나라의 지배를 정통화하려 했다. 즉, 공자가 그 성립을 예감하고 축복한 성스러운 국가라고 한 왕조를 자리매김했던 것이다.

동탁이 살던 후한 말, 유교를 배우지 못한 농민들은 황건의 난에 참가하여 부패한 한나라를 타도하자고 주장할 수 있었다. 그러나 유교를 공부한 관료들의 머릿속에서 한나라는 신성한 나라라는 생각이 깊이 새겨져 있었다. 후한을 사물화私物化한 외척이나 환관들이야말로 그들의 적이었으며, 한나라를 지키기 위해 그 적과 목숨을 걸고 대결하는 것은 당연한 일이었다. 그런 까닭에 지식인 중 한 명이었던 제갈량 역시 유비를 앞세워서 한나라를 부흥시키는 일에 일생을 바쳤다.

'폭군' 동탁은 한나라의 지배와, 그를 뒷받침하는 체제의 가치관인 유교를 파괴하려 했다.

한나라를 멸하자는 상담을 받은 원소는, "천하의 영웅은 동공董公만이 아니오"라는 말을 내뱉고 기주로 도망쳤다.

소제를 폐위하고 헌제를 세우자는 토론이 벌어지고 있던 조정에서, 노식은 끝까지 반대하다가 처형당할 위기에 처한다. 유비를 키운 노식은 한나라를 지키기 위해 목숨을 걸고 동탁에게 저항했던 것이다. 공적과 인망이 모두 높았던 노식은 중간에서 무마해준 이가 있어 목숨을 건지지만 노령을 이유로 유주로 귀향했고, 후에 초빙을 받아 원소의 군사가 되었다.

한나라의 국교 격이었던 유교의 영향력은 강력해서, 하야한 원소에게 모인 사람들의 지지는 이윽고 반동탁 연합이란 결실을 맺는다.

구체제 가치관의 파괴자인 '폭군'은 그가 파괴한 측면에만 주목을 받기 쉽지만, 파괴 뒤에는 반드시 창조가 필요하다. 한나라와 유교를 파괴한 동탁이었으나, 그 또한 후한말의 군주로서 창조적인 인사정책을 펼쳤다.

동탁은 명사의 원류인 진번陳蕃과 두무竇武(환제와 영제 2대를 모신 정치가. 모반의 오명을 쓰고 환관들에게 주살되었다)의 명예를 회복시키고, 그 자손에게 벼슬을 내렸다.

또한 타고난 잔인한 성격을 감추고 시중侍中, 황제의 자문에 응하는 측근 관리에 오경伍瓊, 상국장사相國長史, 동탁이 차지한 최고위 관위인 상국의 막부 장관에 하옹 같은 명사를 차례차례 등용했고, 후에 조조의 군사가 되는 순욱의 백부 순상荀爽을 사공司空으로, 진군의 아버지 진기陳紀를 경卿,대신으로 발탁한다. 반대로 동탁이 아끼는 자는 높은 관직에 올리지 않고 장교將校로만 삼았다.

인재 등용에서는 유재주의를 따른 조조가, 명사에 대한 예우란 측면에서는 제갈량을 삼고초려로 맞은 유비가 유명하지만, 동탁 또한 그들보다 나으면 낫지 못하지 않을 정도로 명사를 발탁했다.

그중에서도 동탁은 후한말의 대학자인 채옹蔡邕을 존중했다. 동탁은 무왕을 도와서 서주西周의 기초를 닦은 태공망太公望 강상姜尚의 호칭인 상부尙父를 자신에게 쓰고 싶어 했지만, 채옹의 비판에 마음을 접었다.

또 동탁이 황제 전용의 푸른 덮개를 단 수레를 탔기 때문에 지진이 났다고 채옹이 비판하자, 그의 말을 받아들여서 검은 덮개의 수레로 바꾸었다. '폭군' 동탁의 인상과는 거리가 먼 의외의 일면이다. 새로운 시대를 향한 동탁의 '창조'는 채옹의 손에 달려 있었다.

채옹의 학문은 다방면에 두루 미쳤다. 동탁이 타도한 유교만을 전문으로 하는 학자였다면 동탁의 파괴를 용납하고 새로운 세계를 함께 창조하려 하지 않았을 것이다. 채옹은 박학하고 문장에 뛰어났으며, 수학이나 천문에도 밝았고, 음악에 정통한 금琴의 명수였다. 또 역사편찬소 동관東觀에서《후한서》의 근본 사료가 된《동관한기東觀漢記》의 편찬에 관여했고, 유교의 경전을 돌에 새긴 가평석경嘉平石經61을 태학당대의 최고학부에 세워 교본으로 삼으려는 프로젝트에서 리더로 활약하기도 했었다.

채옹은 동탁의 부름을 받기 전까지, 환관과 결탁한 양구陽求 때문에 유형流刑, 귀양에 처해진 상태였다. 귀양처에서는《동관한기》의 속편격인 〈십의十意〉를 지었다. 이것이 현재 남아 있는《후한서》〈팔지八志〉의 원사료原史料다. 지志란 제도사制度史를 말하는데, 〈팔지〉는 예의, 제사, 음악, 역曆, 관직, 지리, 거복車服 등 후한의 국제國制를 오늘날까지 전할 수 있도록 했다.

후한이 쇠퇴하는 가운데 채옹은 한나라의 국제를 후세에 전하려 했다. 파괴자의 바로 옆에 구체제 가치관의 집대성자가 자리하고 있었다. 그리고 자신을 등용해준 파괴자 동탁의 밑에서, 자신이 정리한 한나라의 시스템을 부흥시켜서 후한말의 혼란을 수습한 뒤 새로운 세계를 창조하고자 했다.

그러나 '폭군' 동탁을 허용한 사람은 채옹이 유일했다. 동탁에게 발탁된 '명사'들은, 예를 들어 한복이 기주자사로 부임하자마자 군세를 모아 동탁 토벌에 나섰듯이, 동탁을 따르지 않았다. 이 같은 움직임이 모여 원소를 맹주로 하는 반동탁 연합군이 형성되기에 이른다.

구체제의 파괴자는 그 힘이 너무 강력했기에 반발 또한 컸다.

반동탁 연합군이 형성되자, 동탁은 수비에 적합하지 않은 낙양을 불태우고 군사거점인 장안으로 천도했다. 당연히 조신朝臣들은 격렬하게 반발했다. 동탁은 그런 그들을 폭력으로 내리눌렀다. 이런 일이 반복되는 동안 동탁 자신, 그리고 그 휘하의 군세는 완전히 통제 불능의 상태에 빠진다.

동탁은 자신의 거점인 미에 오塢, 성벽으로 둘러싸인 성채를 건설한다. 그 성벽의 높이는 장안성과 같았고, 30년분의 곡물을 비축했다.

> 성공하면 천하를 지배할 것이요, 그렇지 않으면 이곳을 지키며 평생을 지낼 것이다.

동탁은 이렇게 호언장담했다.

그러나 그의 말에서, 미에 틀어박힐 수밖에 없을 정도로 쿠데타를 겁내는 '폭군'의 공포를 엿볼 수 있다.

그리고 그의 공포는 자신이 선임한 사도司徒, 삼공의 하나. 행정을 관장한다 왕윤과 신뢰하는 부하 여포에 의해 현실이 되었다. 저자에 버려져서 부패한 동탁의 유체에서는 기름이 흘러나왔는데, 심지를 꽂고 불을 붙이자 며칠간이나 타올랐다고 한다.

자신마저 태워버린 진홍의 불꽃으로, '폭군' 동탁은 한나라와 유교라는 구체제의 가치관을 파괴했다. 동탁의 뒤를 잇는 〈삼국지〉의 군주들은 그 잔해 위에 새로운 세계를 쌓아올렸다.

원소

■

과감한 결단력은 승패를 좌우한다

〈삼국지〉 세계에 가장 많이 등장하는 군주의 형태는 '용군庸君'이다. 익숙지 않은 단어지만, '용군'은 좋은 의미와 나쁜 의미의 두 가지 가치관으로 모두 사용되는 용어이다.

안정된 시대라면 신하의 의견을 존중하는 조정형 군주로서 '용군'은 환영받는다. 이 경우 '용군'의 덕은 중용이란 말로 높이 평가된다.

반면, 난세의 '용군'은 결단력이 없다는 이유로 평가가 낮다. 이때의 용庸은 범용하다 할 때의 용이다.

용임에는 변함이 없는데 시대의 요구가 그에 대한 평가를 달리한다.

원소자는 본초本初는 전형적인 '용군'이었다. 그는 '사세삼공'이라 칭하는 후한 굴지의 명문가 '여남汝南 원씨' 출신이다. 게다가 적자정실의 아들로 태어난 동생 원술이 가문을 내세우는 오만방자한 인물이었던 데 반해, 서출측실의 아들인 원소는 남에게 겸양했기 때문에 그에게는 많은 명사가 모여들었다. 난세가 아니었다면, 부하의 의견을 존중하는 원소는 훌륭한 삼공으로서 《후한서》에 그 이름을 남겼을 것이다.

전략에도 잘못이 없었다. 원소는 황하보다 남쪽인 예주 여남군이 고향인데도 굳이 하북을 거점으로 삼았다. 후한을 건국한 광무제 유수의 전략을 답습했던 것이다.

'유주돌기'라 불린 유목민 오환족의 기병을 갖춘 유주, 기병에 대항할 수 있는 노병 '기주강노'를 주력으로 하는 기주, 그리고 병주에는 수많은 이민족이 거주하고 있어, 이들 지역을 아우르는 하북은 강력한 병마를 갖출 수 있는 군사 거점이었다. 당시 중국 국내에 거주하는 한족 이외의 이민족은 강력한 군사력으로서 존재했다.

또 황건적의 세력권이 된 청주를 제외하면, 난으로 인한 피해도 적어서 충분한 군량을 공급할 수 있는 경제력까지 갖추고 있었다.

가장 이민족이 많은 양주를 배후에 둔 장안이 이미 동탁에게 점령된 이상, 기주를 발판으로 삼아 하북에서 기반을 쌓은 뒤 중국을 통일한다는 원소의 전략은 당시 가장 타당한 전략이었다. 그러나 동시에, 누구나 떠올릴 수 있는 범용한 책략이기도 했다.

원소에게 출사했으나 그 재능에 실망하여 조조 밑으로 들어간 순욱은, 원소와 조조가 천하의 패권을 놓고 맞붙은 관도대전 때 두 사람을 다음과 같이 비교했다.

원소는 대범한 척 꾸미고 있지만 시의심猜疑心이 강하여 부하의 마음을 의심하나, 공은 적재적소에 부하를 쓴다(① 도량). 원소는 우유부단하여 모략을 쓸 기회를 놓치나, 공은 결단력이 뛰어나다(② 모략). 원소는 군령을 철저히 하지 않기 때문에 병력을 제대로 쓰지 못하나, 공은 공정하게 신상필벌하기에 병사가 죽을 각오로 싸운다(③ 무략). 원소는 명문 출신임을 내세우며 교양을 자랑하고 타인의 평판만을 신경 쓰나, 공은 질박하게 행동하며 공을 세운 이에게 상을 아끼지 않는다(④ 덕행). 이 네 가지 점에서 뛰어난 공이 천자를 모시고 정의로운 싸움을 일으켰으니 원소에게 질 턱이 없다.

식량 부족에 시달리며 관도에서의 철수를 고려하는 조조를 순욱은 이렇게 격려했다고 한다.

역사는 승자의 기록이다. 따라서 순욱의 분석에 따르면, 원소는 ① 부하의 재능을 평가하는 인사를 행하지 않으며, ② 결단력이 모자라고, ③ 은상恩賞과 형벌을 내리는 데 원칙이 없고, ④ 변설이나 토론에는 뛰어나지만 실행력을 갖추지 못한 무능함의 결정체니, 관도대전에서 패퇴한 것도 당연해 보인다.

그러나 패자 쪽에서 역사를 보면, 평화시였다면 칭송받았을 '용군' 원소의 모습이 보이기 시작한다.

원소는 ① 명사의 의향을 존중하는 인사를 행했고, ② 명사의 의견을 널리 구했으며, ③ 인과 의를 중시하는 유교를 따랐고, ④ 명사의 명성을 존중했다.

유교가 정통으로 인정하는 한나라의 치하에서 이 같은 정책을 통해 원소는 안정된 지배를 할 수 있었다. 훌륭한 '용군'이라고 할 수 있다. 따라서 후한 말에 원소의 세력은 압도적이었고, 조조도 처음에는 원소 밑에서 자신의 세력을 확대해갔다.

관도대전이 끝나고 나서 조조의 부하들이 원소에게 보낸 항복문서가 여럿 발견된 데서도 알 수 있듯이, 조조 진영 내에서도 원소의 승리를 예상한 자가 적지 않았다.

그러나 원소는 패퇴했다. 시대가 '용군'을 필요로 하지 않았기 때문이다. 시대의 흐름은, 400년에 걸친 한나라의 지배 과정에서 주류로서 형성되었으나 '폭군' 동탁의 손에 파괴된 유교적 가치관을 대체할 새로운 시대의 가치관을 만들어내라고 요구하고 있었다.

그것은 종래의 가치관을 중용의 덕으로 계승한 '용군' 원소에게는 불가능한 일이었다.

무엇보다 순욱의 평가대로 강대한 세력을 지녔음에도 과감한 결단을 내리지 못했기 때문이다.

하북을 평정한 원소에게도 수많은 군사와 장수가 있었고, 조조보다 강대한 병력이 있었다. 사방을 정벌하러 다닌 탓에 조조는 허창을 수도 없이 비웠다. 그 틈을 노리지 않은 원소의 결단력과 실행력 부족이 끝내 패배로 몰아간 것이다.

원소 휘하의 군사인 전풍田豐이나 저수의 진언대로 조조가 허창을 비우고 장기간 외정에 몰두해 있을 때 허창으로 진군했다면 역사는 바뀌었을 것이다. 또한 헌제 옹립에 대해서는 순욱만 건의한 것이 아니라 저수도 건의했었다.

하지만 그 모든 뛰어난 계략들을 받아들이지 못한 원소의 용렬함과 결단을 내리지 못한 우유부단함이 조조에게 기회를 주었고, 조조는 그 기회를 놓치지 않고 신속 과감하게 원소를 공략하여 승리할 수 있었던 것이다.

유선

•

확실한 자기주장으로 부하를 이끌어야 한다

'은감불원殷鑑不遠'이란 말이 있다. 경계로 삼아야 할 타인의 실패 사례라는 의미로 쓰인다. 이 말의 전거는 《시경詩經》62으로, 원문은 '은감불원 재하후지세殷鑑不遠 在夏后之世'로 이어진다.

하夏나라는 중국에서 가장 오래된 왕조인데, 그 말기에 걸왕桀王이란 망군亡君이 미녀 말희末喜에게 빠져서 나라를 망하게 만든다. 은殷나라가 거울鑑 본보기로 삼아 경계하지 않으면 안 될 역사는 '먼 곳에 있지 않으며', 바로 전 왕조인 하나라에 있다는 뜻이다.

역사를 경계해야 할 '거울'이라고 보는 역사관은 중국 역사의 기본 인식이다. 북송의 사마광司馬光이 쓴 《자치통감資治通鑑, 정치의 자본이 되는(이바지하는) 통사를 기록한 거울(역사서)》은 그 이념을 그대로 서명으로 삼았으며, 일본의 《대경大鏡》,《증경增鏡》63 같은 역사서의 서명 역시 이 사고방식을 계승했다.

따라서 국가를 멸망으로 몰고 간 최후의 군주 '망군'은 후세의 경계로 삼기 위해서 언제나 실제보다 부정적으로 기록된다. 하나라를 멸망시킨 걸왕과 은나라를 멸망시킨 주왕은 '걸주桀紂'라고 한데 묶여서 중국을 대표하는 '망군'의 대명사가 되었다.

촉한을 멸망시킨 유선과 손오를 멸망시킨 손호 역시 《삼국지》에서는 '망군'으로 나란히 나쁘게 기록되었는데, 두 사람의 실제 모습과는 크게 다르다.

유선에 대한 평가는 낮다. 현대 중국어에서도 '아두당황제阿斗當皇帝, 아두(유선의 아명)가 황제가 된다'라고 하면 연약하고 무능하다는 뜻이다.

유선은 자를 공사公嗣라고 하며, 유비의 장남으로 촉한의 2대 황제가 되었다.

형주에서 유비가 조조에게 패했을 때는 조운의 활약으로 구사일생했다. 아버지 유비는 붕어하며 "유선에게 재능이 있다면 보좌해주길 바라오. 만약 그렇지 않다면 그대가 대신 군주가 되시오"라고 제갈량에게 부탁했는데, 유선에게 황제의 재능이 없다는 것은 누구의 눈에도 명백했다.

그래도 제갈량은 유선을 전심전력으로 보좌하며 국시國是인 조위를 향한 북벌을 계속했다. 《삼국지연의》에서는 유선이 제갈량을 의심하여 성도로 불러들인다는 허구의 장면이 나오지만, 역사 속 유선은 제갈량을 전혀 의심하지 않았다. 제갈량이 중국사상 유수의 '충신'으로 이름을 남긴 데에는, 유선이 모든 것을 제갈량에게 일임하고 전혀 의심하지 않았다는 점도 크게 기여했다. 제갈량이 살아 있었다면 유선은 계속 표준 이상의 군주로 남을 수 있었을 것이다.

제갈량이 죽은 뒤에도 유선은 30년 동안이나 나라를 유지했다. 그의 재위는 무려 41년에 달하는데, 삼국의 군주 중에서 가장 길다. 그럼에도 후세의 평가가 박한 이유는, 촉한이 멸망할 때 아들의 죽음에 보인 태도와 항복한 이후의 일화 때문일 것이다.

초주譙周의 권유로 항복을 결정했을 때 다섯째 아들인 북지왕北地王 유심劉諶은 철저 항쟁을 주장했다. 장군 강유姜維가 아직 검각劍閣, 한중에서 촉의 성도에 이르는 길 중간에 있는 요충지에서 위의 무장 종회鍾會를 막고 있었기 때문이다.

그러나 환관 황호黃晧64의 말만 따르던 유선은 받아들이지 않았다. 유심은 나라의 멸망에 통곡하며 처자와 함께 자살했다. 하지만 유선은 마치 자식의 죽음을 모른다는 듯이 등애鄧艾에게 항복하여 낙양으로 이주했다.

낙양에 거할 때, 위의 대장군 사마소가 연회에서 촉의 음악을 연주시켰다. 촉의 신하들은 모두 눈물을 흘렸지만 유선은 웃으며 태연했다. 이에 사마소는 어이가 없어 이렇게 말했다.

> 이래서야 제갈량이 살아 있다 해도 나라를 유지하기는 무리였을 것이다. 하물며 강유임에야.

또 사마소가 "조금은 촉을 생각하십니까?"라고 묻자, 유선은 "이곳의 생활이 즐거워서 생각나지 않습니다"라고 답했다. 이렇게 해서 유선은 안락공安樂公으로서 아무런 부자유 없이 생활하며 천수를 누렸다.

유선은 갓난아이가 그러하듯이, 물감에 따라 어떤 색으로든 물드는 흰 천과 같았다. '충신' 제갈량이 보좌하면 국가는 안정을 자랑했고, '간신奸臣' 황호가 나서서 설치면 또 그대로 흘러갔다. 본인의 의지대로 무언가를 한 적이 없다. 유능한 부하들이 계속 자리를 지켰다면 괜찮은 군주가 되었을지도 모른다. 하지만 리더는 그래서는 안 된다.

건국이념인 북벌은 확고한 의지를 가지고 실행해도 성공을 할 수 있을지 장담할 수 없는 일이었다. 관중, 소하와 버금가는 명재상 제갈량이 그렇게 노력해도 이룰 수 없었다. 북벌만이 아니다. 국가 경영도 마찬가지다.

군주로서, 리더로서 중심을 잡아줘야 재능 있는 신하들도 자신의 능력을 발휘할 수 있다. 제갈량이 살아 있을 때는 그래도 제갈량에 대한 신뢰를 바탕으로 중심을 잡았지만 제갈량 사후에는 유선의 중심을 잡아줄 인물이 없었기에 환관 황호가 전횡을 일삼게 된 것이다.

군주의 능력이 꼭 조조처럼 뛰어날 필요는 없다. 하지만 확실한 자기주장으로 부하들을 이끌어야 혼란이 일어나지 않고, 일관된 정책을 시행할 수 있다. 현대의 기업도 마찬가지다. 오너가, CEO가 일관되지 못하고 이리저리 움직인다면 부하직원들도 그에 따라 갈팡질팡하기 마련이다.

유선은 어쩌면 촉한의 군주라는 지위에 있지 않았더라면 사랑받았을지도 모를 인물이다.

손호

■

리더는 때를 기다리며 인내할 줄 알아야 한다

손호는 자를 원종元宗이라고 한다. 손권의 손자에 해당하는데, 손오의 4대이자 마지막 황제다.

손호의 아버지 손화는 손권 말기에 일어난 황위 계승 다툼인 이궁사건으로 폐위되었다. 이궁사건은 군주와 명사 쌍방 모두에게 막대한 상처를 입히고 국력을 소모시켰다. 그 상처가 채 낫지 않은 상황에서, 손권은 막내 손량의 아직 어린 나이를 불안해하며 가평 4년嘉平 4年(252)에 붕어했다.

손권의 우려는 적중했다. 2대 황제인 손량을 보좌한 제갈각의 명사 정권은 조위로의 침입을 시도한 북벌이 실패로 돌아가면서 붕괴된다. 그를 타도한 손준과, 손준의 뒤를 이어 정권을 손에 쥔 손침은 명사를 배척하는 정책을 펼치는데, 이것이 또 비판을 받았다.

손침을 실각시킨 3대 황제 손휴는 복양흥濮陽興을 승상에, 정고丁固와 맹인孟仁을 좌우 어사대부御史大夫에 임명하여 정치를 맡기고, 명사를 존중하여 정권의 안정을 꾀했다.

그러나 국제 정세는 급박했다. 손오의 영안 6년永安 6年(263)에 촉한이 조위에 멸망당했다. 감로 원년甘露 元年(265), 이번에는 그 조위가 서진에게 멸망당했다. 그 사이, 영안 7년(264)에 손휴가 붕어했다. 모든 과제가 손호에게로 넘어갔다.

'망군'에게는 나쁜 화제가 끊이지 않는다. 손호 역시 예외가 아니어서, 명사를 살해했고, 신분이 천한 자를 총애했으며, 관료들에 대한 염탐을 임무로 하는 교사관校事官을 설치하는 등, 그 악행은 일일이 셀 수 없을 정도다. 그러나 《삼국지》에 주를 단 배송지는, 이들은 모두 손호의 악행을 과장하고 있다고 보았다.

확실히 즉위 전의 손호는 문학적 재능이 넘치는 유능한 인물이었다. 기대를 받고 즉위한 뒤에도 아내가 없는 자에게 궁녀를 시집보내고, 무창으로 천도하여 중앙군의 강화를 꾀하는 등, 중앙집권화를 위한 시책을 착착 실행했다.

그런데도 왜 '망군'이 되었을까. 즉위 전의 재기 넘치는 손호와, 즉위 후 '망군' 손호의 모습 사이에는 납득이 안 갈 정도의 괴리가 존재한다.

'망군'으로 낙인찍힌 계기는, 손호가 자신의 즉위를 추진한 명사 복양흥과 장포張布를 살해하면서부터다.

국제정세의 위기 속에서 손호가 군주권력을 강화하기 위해 전개한 정책은, 명사 입장에서 보면 제갈각 정권과 손휴 때 확대된 명사의 기득권을 침해하는 움직임이었다. 따라서 손호가 군주권력 강화를 위해 자기 권력의 연장인 종실과 외척을 우대하자 손호를 옹립한 명사 복양흥과 장포는 반발했고, 즉위에 협력한 것을 후회하며 손호를 비난했다. 이를 계기로 손호의 군주권력 강화는 폭력적으로 변모해간다.

왕번王蕃, 누현樓玄, 하소賀邵 같은 명사들을 살해하기 시작하더니, 백성에 인기 있는 지방관을 탄압하는 등 실익이 없는 군주권력 강화책을 반복했다. 또 후궁을 채운다는 명목으로 고급관료나 대신들의 딸이 자유로이 출가하지 못하도록 막는 등, '망군'이란 호칭에 걸맞는 정치로 흘러간다. 다만 손호의 후궁정책에 대해서만은, 손오의 유력한 신하의 딸을 후궁으로 맞아들여서 개별적인 연대를 강화하려는 목적이 있었다고 볼 수도 있다.

그러나 그런 노력도 헛되이 끝나고 만다. 육손의 아들 육항陸抗은 서진의 국경을 지키는 양호와 서로 존경하면서도 치고 들어올 틈을 주지 않았고, 힘을 다해 손오를 지키고 있었다.

하지만 손호 입장에서는 육항과 양호가 우호적인 관계라는 사실을 용납할 수 없었다. 육항에게 관계를 설명하라고 엄하게 힐문했다. 이때 이미 병이 악화된 육항은 양호와의 관계를 변명하는 한편, 형주에서의 침공에 대비할 수 있는 서릉군西陵郡의 군사적 중요성을 들어 그 수비를 증강해달라고 요청했다. 그러나 육항의 상주는 받아들여지지 않았고,

봉황 3년鳳凰 3年(274)에 육항은 병사한다.

천기 4년天紀 4年(280), 육항이 예상한 대로 형주에서, 그리고 촉에서 장강을 따라 서진군이 공격해 들어오자 손호는 항복하고 말았다. 그렇게 오는 멸망했다.

멸망당할 때 손호가 신하에게 보낸 서한 속에, 사태가 이 지경에까지 이른 데 대한 손호의 생각이 응축돼 있다.

서한에는, 신분이 비천한 자나 교사관을 총애한 데 대한 반성 등, 자신의 악행에 대한 사죄가 길게 이어진다. 그리고 마지막으로, 신하들에게 주저 말고 서진에 출사하라고 조언하고 있다.

> 손오에 대한 충성심 따위에 매달리지 말고 신천지에서 그 능력을 십분 발휘하길 바란다.

재능은 있었으나 군주권력을 강화하기 위한 수단이 없었고, 명사라는 존재의 장점과 약점을 정확하게 이해했기에 더욱 고뇌한 손호의 안타까운 마음이 서한에서 배어나온다.

사실 명사를 탄압하지 못한 사람은 손호만이 아니다. 손호가 '대황제'라며 존경한 손권조차 장소를 굴복시키지 못했다. 그 정도로 명사는 세력을 확대했고, 군주는 아무리 발버둥 쳐도 권력을 다시 세울 수 없었다. 모든 것을 체념한 순간, 손호는 '망군'으로 변했다.

대황제 손권조차 평생토록 완수하지 못한 일을 손호는 짧은 시간에 완성하려 했다. 이러한 조급함이 결국 손호를 폭군이자 망군으로 만들었다. 게다가 손권이 죽은 후 손휴가 즉위하기까지 10년 가까이 혼란기였고, 혼란을 수습해야 하는 손휴마저 백성들의 원망을 사는 정책을 펼쳐 혼란이 가중되었다.

많은 인재들이 혼란기에 목숨을 잃었다. 내부의 혼란을 수습하고 외부의 침입에 대비하면서 새로운 인재를 길러내는 등의 노력이 필요한 시기였다고 볼 수 있다.

손호는 이러한 단계를 무시하고 군주권력의 강화를 서둘렀고, 이러한 그의 행동이 오히려 혼란을 부추긴 경향이 크다고 볼 수 있다.

리더라면 때를 기다릴 줄 아는 인내가 필요하다. 그리고 그 때를 놓치지 않도록 노력해야 한다. 손호는 사마의의 기다릴 줄 아는 자세를 배울 필요가 있었다.

도움글 3

군주학이란 무엇인가

　군주는, 신민에게 충성을 다하게 하기 위해서라면 잔혹해도 되며, 그로 인해 모종의 피해가 예상된다면 신의를 지킬 필요도 없다. 나라를 통일하기 위해서는 모략과 무력을 가려서 써야 한다.
　근대 정치학의 고전 《군주론》에서 마키아벨리는, 군주가 믿음이나 윤리에 얽매이다가 현실 정치의 실태를 간과해서는 안 된다고 설명했다. 그 배경에는, 로마교황과 신성로마황제가 벌인 정쟁과 전란의 무대가 된 탓에 분열되고 황폐해진 15~16세기 이탈리아의 현실이 있었다.
　이 때문에 마키아벨리는 국가를 통합하려면 정치를 종교나 윤리에서 분리해야 한다고 주장했다. 그리고 군주권력의 확립을 위해서라면, 설사 악랄한 수단이라 하더라도 긍정된다고 보았다.

마키아벨리의 주장이 권모술수주의라고 불리는 연유다. 수상의 여성스캔들을 구실로 정치실적까지 한꺼번에 매도하지 않는 현대 이탈리아 정치 풍토의 기원이 여기에 있다.

이에 비해 중국에서 정치학의 고전으로 삼는 책은 《정관정요》다. 당나라의 2대 황제인 태종 이세민이 위징, 방현령 등의 군신과 정치를 놓고 토론한 내용을, 오긍吳兢이 군도君道, 정체政體, 임현任賢, 구간求諫 등 40여 편으로 편집한 책이다. 8세기 초 양귀비와의 사랑으로 유명한 현종玄宗 때, 태종의 치세를 귀감으로 삼을 의도에서 만들었다.

수말隨末의 혼란을 다스리고 북방 유목민까지 지배하에 둔 태종은, 내정을 안정시키고 민력民力을 회복하는 데 주력하여, 당나라의 기초를 다진 선정을 베풀었기에 명군이란 칭송을 들었다. 그는 '정관의 치貞觀之治'라 불리는 태평성대를 이끌었는데, 기꺼이 신하의 간언에 귀를 기울여서 군주가 전횡에 빠지는 것을 자제했다.

《정관정요》에서 태종은, '군주로서의 도리는 모든 것에 앞서 만백성이 살아갈 수 있도록 힘쓰는 데 있다'라고 말한다. '천하가 안태安泰한가 아닌가는 짐에게 달려 있다'라며, 천하의 모든 책임을 떠맡아 자신의 인격을 갈고 닦아야 한다고 여겼다. 그러려면 '자신이 어떤 인간인가를 보기 위해 거울을 사용한다. 군주가 과오를 알려면 충성스럽고 의로운 신하를 거울로 삼아야 한다'라며 신하의 간언을 기뻐했다.

'구부러진 나무라도 먹줄에 따라 자르면 반듯해진다. 어떤 군주라 하더라도 간언에 따르면 성스러운 군주가 될 수 있다'라고 말하며, 충성스럽고 의로운 신하의 간언에 따라 자기변혁에 노력한다면 공자와 같은 '성聖'스러움을 지닌 군주가 될 수 있다고, 목표를 높은 곳에 두었다. 또한 '예로부터 전쟁을 좋아하여 필요 이상으로 무력을 사용했다가 멸망하지 않은 나라가 없다', '군비를 태만히 하면 나라가 위기에 빠지지만, 싸움을 좋아하면 보잘 것 없는 사람이 된다'라며 무력이나 전쟁이 나라와 사람을 망치는 것을 경계했다.

마키아벨리가 봤다면, 겉만 번지르르할 뿐 혐오스러운 말을 늘어놓은 데 지나지 않다고 여길지도 모르겠다. 적어도 정치에서의 종교와 윤리의 분리를 전제로 성립한 근대 정치학의 시각에서 보면 전근대적인 군주관임에는 틀림이 없다.

그러나 우리 동아시아문명은 오랫동안 《정관정요》에서 이상적인 군주의 모습을 보아왔다. 성聖과 속俗이 대립한 이탈리아에서는 군주의 역량을 무력이나 모략에서 구했고, 성과 속이 하나였던 동아시아문명에서는 목눌木訥, 소박하고 입이 무거움하고 청렴결백한 인품에서 찾았다.

군주학은 이렇게 국민성까지 규정한다. 그런 까닭에, 국민성이나 가치관이 다르다면 각자 독자적인 '군주론'을 갖는 것은 당연하다.

주

1 치중종사治中從事 : 주州 관리의 선발과 민사民事를 담당하며, 주군州郡의 문서를 관리한다.

2 별가종사別駕從事 : 주에 둔 종사사從事史의 하나. 자사刺史의 부관으로, 민사를 담당하고 주군의 문서를 관리한다.

3 군신수어지교水君臣水魚之交 : 매우 친밀하게 사귀어 떨어질 수 없는 사이. 삼국 시대의 유비와 제갈량의 사이를 비유한 데서 비롯되었다.

4 삼국지평화三國志平話 : 중국의 위, 촉, 오 세 나라의 역사를 바탕으로 전승되어 온 설화의 화본. 전3권. 그림과 글이 상하로 나뉘어 구성되어 있으며, 《삼국지연의》에 큰 영향을 미쳤다.

5 기문둔갑奇門遁甲 : 방위술方位術을 중심으로 한 점술에서부터, 수준이 높아지면 신선을 부리는 술법에까지 이르는 도술의 명칭.

6 육정육갑六丁六甲 : 《삼국지연의》에서는 제갈량이 사마의와의 싸움에서 육정육갑의 신병을 이용한 '축지법'을 행했다고 나온다.

7 루쉰魯迅 : 《광인일기》, 《아큐정전》 등을 쓴 중국의 문학가 겸 사상가.

8 초려대草廬對 : 삼고초려의 예를 다하며 찾아온 유비에게 제갈공명이 내놓은 천하삼분지계.

9 중원中原 : 황하 중하류지역에 위치하는 중국의 중심 지역으로, 낙양과 장안 등을 포함한다. 이 비옥한 황토층 지대에서는 자고이래로 수준 높은 문명이 발달했다.

10 오위五危 : 《손자》〈구변편九變篇〉 '제팔第八'에 나오는 말.

11 허유許攸 : 자는 자원子遠. 남양南陽군 출신으로 젊어서부터 원소, 조조와 교분이 있었다. 영제 폐위를 계획했지만 실패하고 나중에 원소의 막료가 된다. 관도대전에서 자신의 계책이 받아들여지지 않자 조조에게 투신하고 그의 계책을 따른 조조는 승리를 거둔다. 이후 오만해져 조조의 노여움을 사 처형된다.

12 후생가외後生可畏 : 후배는 나이가 젊고 의기가 장하므로 학문을 계속 쌓고 덕을 닦으면 그 진보는 선배를 능가하는 경지에 이를 것이라는 의미로 공자가 제자인 안회의 훌륭함을 이른 말이다.

13 관제신앙關帝信仰 : 관우를 모신 사당을 관왕묘라고도 하는데, 우리나라에는 충청도와 경상도 지방에 몇몇이 남아 있으며, 서울 동대문구에는 동관왕묘가 있다.

14 서주원정徐州遠征 : 그 전 해인 초평 4년에도 부친인 조숭이 살해된 데 대한 복수를 위해 서주를 공격했었다.

15 황건黃巾의 난亂 : 신흥종교인 '태평도太平道'신도들이 일으킨 농민 반란으로, 한 제국의 부패에 대항하여 봉기했다. 머리에 황색 수건을 두르고 다닌다고 해서 '황건黃巾'이란 이름이 붙었다.

16 지피지기 백전불태知彼知己 百戰不殆 :《손자》〈모공편謀攻篇〉에 나오는 글.

17 부상 없는 말이 명마無事之名馬 : '능력이 조금 떨어지더라도 부상 없이 오래 달릴 수 있는 말이야말로 명마다'라는 뜻으로,《임제록臨濟錄》에 나오는 '무사시귀인無事是貴人, 일이 없는 사람이 귀한 사람이다'을 살짝 바꾼 말이다.

18 방면군方面軍 : 전략전술상으로 중요한 일정 방향이나 지역에서 독립적으로 활동하는 부대.

19 하옹何顒 : 후한 말의 명사로, 젊을 때 낙양에서 유학하여 태학太學에 다녔는데, 식견이 탁월해 어린 나이임에도 당대의 명사인 곽태郭泰, 가표賈彪 등과 상호 존중하며 대등하게 사귀었다. 동탁 암살계획을 세웠으나 발각되어 투옥되었고, 처형되기 전에 감옥에서 자살했다. 젊은 시절 조조曹操와 순욱荀彧의 재능을 간파한 것으로도 유명하다.

20 하옹何顒 그룹 : 인물 비평가 하옹을 중심으로 한 지식인 그룹. 여남군汝南郡을 거점으로 하였으며, 원소, 조조, 순욱, 허유 등이 속해 있었다.

21 역성혁명易姓革命 : 하늘의 아들인 천자가 정치를 소홀히 하여 덕을 잃으면, 덕이 있는 새로운 사람이 천명을 다시 받아 천자의 성이 바뀐다는 정치사상으로,《맹자》를 전거로 한다.

22 토사구팽兎死狗烹 : 춘추 시대 월越나라의 명신 범려가 말한 "새 사냥이 끝나면 좋은 활은 감추어지고, 교활한 토끼를 잡고나면 사냥개를 삶아먹는다蜚鳥盡, 良弓藏, 狡兎死, 走狗烹"를 줄인 말.

23 범려范蠡 : 춘추 시대 월나라의 정치가. 월왕 구천勾踐을 섬겨 중원의 패자로 만들었다. 월의 숙적, 이웃나라인 오를 공격하여 멸망시킨 뒤, 구천의 의심이 자신을 향할 것이라 예상하고 월나라를 탈출했다.

24 태부太傅 : 신하 중에서 지위는 가장 높으나 정치적 실권은 없다.

25 주대중정州大中正 : 구품중정제九品中正制는 원래 모든 군에 중정관中正官을 두고 인사를 담당시켰는데, 사마의는 주마다 대중정大中正을 두도록 했다. 이로 인해 대중정에 임명된 명사의 권한이 강해져서 기득권을 지킬 수 있었다.

26 병법은 궤도詭道다 :《손자》〈시계편始計篇〉에 나오는 말로, 궤도란 '속임수'라는 뜻.

27 병사의 이목을 속여서 작전 방침이나 계획 변경을 알지 못하게 한다 :《손자》〈구지편九地篇〉에 나오는 말.

28 주공周公 : 태공망太公望과 함께 주 왕조를 성립한 공신이자 무왕의 동생으로 성왕을 보필한 주공 단周公旦을 말한다. 공자가 이상적인 성인으로 꼽고 존경했다.

29 효렴孝廉 : 중국 전한 때에 치르던 관리 임용 과목. 또는 그 과에 뽑힌 사람. 무제가 군국에서 매년 부모에 효도하고 형제간에 우애 있는 사람과 청렴한 사람을 각각 한 사람씩 천거하게 한데서 비롯했다.

30 구석九錫 : 천자가 특히 공로가 큰 제후와 대신에게 하사하던 아홉 가지 물품. 거마車馬, 의복, 악칙樂則, 주호朱戶, 납폐納陛, 호분虎賁, 궁시弓矢, 부월鈇鉞, 울창주鬱鬯酒다.

31 출사표出師表 : 위 토벌을 위해 출진하면서 황제 유선에게 바친 제갈량의 상주문으로 전후 두 편이 존재하는데, 전편은《삼국지》〈제갈량전〉,《문선文選》등에 수록되어 있으나 후편은 후세 사람의 윤색이라는 평이 있다. 국가의 장래를 우려한

전문은 제갈량의 진정을 토로한 정열적인 글로, 고금의 명문으로 알려져 있다.

32 단도회單刀會 : 유비의 익주 평정 후 형주의 소유권을 둘러싸고 대립하자 원만히 사태를 수습하려고 노숙이 관우와 회견하지만 관우에게 인질로 잡힌다는 줄거리의 경극.

33 삼공三公 : 사도司徒; 법률과 제사 등을 관장하는 정치책임자, 사공司空, 토목, 농업 등을 관장하는 정치책임자, 태위太尉, 최고 군사책임자의 세 가지 관직.

34 예문유취藝文類聚 : 당나라 구양순 등이 칙명을 받들어 편찬한 유서로 총 100권으로 되어 있다.

35 피에르 브르디외Pierre Bourdieu, 1930~2002.1.23 : 프랑스의 사회학자이자 참여 지식인으로 '부르디외 학파'를 형성, 사회학을 '구조와 기능의 차원에서 기술하는 학문'으로 파악했으며, 신자유주의자들을 비판하면서 범세계적인 지식인 연대의 필요성을 주장했다.

36 아날학파Annales School : 1929년 프랑스의 역사학자인 L.페브르와 M.블로크에 의해 창간된 《사회경제사 연보》를 중심으로 형성된 학파.

37 동소董昭 : 자는 공인公仁, 제음濟陰군 정도定陶현 사람. 원래는 원소를 섬겼으나 원소에게 미움을 받아 장양을 따랐다. 조조가 헌제를 옹립하자 다시 조조에게 임관하여 허창으로 천도할 것을 진언한다. 오환 정벌에서 군사 물자 보급으로 공을 세웠으며, 후에 조조가 위공, 위왕의 칭호나 구석을 받을 수 있도록 상소하였다. 당시로는 드물게 81세까지 장수하였다.

38 절함折檻 : 간절히 간諫하는 일. 또는 심하게 책망하는 일.

39 건안칠자建安七子 : 건안 연간에 활약한 뛰어난 시인들. 왕찬王粲, 응창應瑒, 완우阮瑀, 공융孔融, 서간徐幹, 진림陳琳, 유정劉楨을 가리킨다.

40 이궁사건二宮事件 : 손권은 장자 손등孫登이 요절하자 손화孫和를 태자로 삼았다. 그러나 손화의 동생 손패孫覇를 아껴서 손화와 대등하게 대우했다. 이에 이 둘을 둘러싼 파벌 싸움이 나라를 이분할 지경에 이르자, 손화를 황태자에서 폐하고 손패에게는 자결을 명한 뒤, 막내 손량孫亮을 태자로 봉해 사태를 수습했다.

41 장로張魯 : 당시의 신흥종교였던 '오두미도五斗米道'의 지도자.

42 오환烏桓 : 기원전 1세기부터 기원후 3세기까지 중국 북부현재의 내몽골자치구에서 활동한 민족. 오환烏丸이라고도 한다. 선비鮮卑와 동족으로, 투르크계란 말도 있고 몽골계란 설도 있지만 정확한 종족은 판명되지 않았다. 기사騎射에 뛰어나, 이들의 기병은 정병으로 이름 높았다.

43 위나라의 유공지사庾公之斯는 정나라의 자탁유자子濯孺子를 추격했으나, 자탁유자가 팔꿈치를 다쳐 활을 쏠 수 없다는 이야기를 듣고, 또한 자신에게 활을 가르친 사부가 자탁유자에게서 활을 배웠다는 이유로 공과 사를 놓고 고민하다가 화살촉을 뺀 화살을 네 발 쏜 뒤 물러갔다

44 배송지裵松之 주注 : 진수가 지은《삼국지》의 내용을 보충하기 위해, 남북조시대의 배송지가 다양한 사료의 기술記述을 주석으로 달았다.

45 조만전曹瞞傳 : 손오孫吳에 전하는 조조의 전기. 조조의 아명이 '아만阿瞞'이다.

46 집금오執金吾 : 궁궐 주변 경비를 맡고 무기고를 책임지는 직위. 중위中尉라고 별칭되기도 한다.

47 강족羌族 : 고대부터 중국 서북부에 살고 있는 민족으로, 저족氐族과 함께 중국사에서 가장 오랜 민족으로 여겨지고 있다. 서강西羌이라고도 하며, 지금도 중국의 소수민족으로 존재한다.

48 무익원검無弋爰劍. 생몰년 불명 : 중국 춘추전국 시대 강족의 족장. '무익無弋'은 강족의 언어로 '노예'를 의미한다.

49 서간의 개찬改竄 : 마초와 한수가 반란을 일으켰을 때, 조조는 가후의 조언을 받아 둘 사이를 벌려놓을 이간책으로 일부러 군데군데 글자를 지워버린 편지를 한수에게 보내어 마초가 의심하게 했다.

50 관산도關山道, 포사도褒斜道 : 모두 태령산맥을 지나는 잔도棧道로, 한중이나 촉으로 가는 통로였다.

51 팔왕의 난八王之亂 : 중국 진晉나라 초기의 내란으로 8명의 왕이 관여했기 때문에 이렇게 부른다. 관련자는 여남왕汝南王 사마량司馬亮, 초왕楚王 사마위司馬瑋, 조왕趙王 사마륜司馬倫, 제왕齊王 사마경司馬冏, 성도왕成都王 사마영司馬穎, 장사왕長沙王 사마애司馬乂, 동해왕東海王 사마월司馬越, 하간왕河間王 사마옹司馬顒이다. 군사를 동원

해 다투었기 때문에 국도 낙양은 거의 폐허가 되고 말았다. 16년에 걸친 내란은 회제懷帝가 즉위하고 사마월이 권력을 획득하면서 종결되었다. 그러나 이 사건은 이후 5호16국五胡十六國의 주원인이 되었다.

52 영가의 난永嘉之亂 : 중국 서진西晉 말기인 회제懷帝의 영가연간307~312에 흉노匈奴가 일으킨 큰 반란. 산서성山西省 일대에 있던 흉노족장 유연劉淵이 중원中原이 혼란한 틈을 타 304년, 국호를 한漢, 후에 趙라 칭했다. 유연이 죽은 뒤 아들 유총劉聰이 거병하여 낙양을 함락시키고 폐허로 만들었다. 그리하여 서진은 망하고 사마씨는 강남江南으로 도주, 남경南京에 도읍을 정하고 동진東晉을 세운다. 이때부터 5호16국 시대가 시작되었고, 화북은 5호흉노匈奴, 선비鮮卑, 저氐, 갈羯, 강羌의 지배하에 들어갔다.

53 도교 : 중국의 민속종교로, 현세구제現世救濟의 다신교. 관우의 유력한 신 중 하나로 '관제신앙'이 지금까지 숭배되고 있는 이유이기도 하다.

54 조租와 조調 : 조租는 경작지에 부과되는 토지세, 조調는 호戶마다 부과되는 인두세人頭稅다.

55 오소급습책烏巢急襲策 : 군대의 식량부족으로 고민하던 조조에게 허유는 원소군의 군량부대가 오소에 주둔하고 있으며, 그 수비가 허술하다는 점을 알려주면서 "군량을 모조리 불태우면 원소군은 사흘도 못 버틸 것이다"라고 진언했다.

56 남의 아픔을 참지 못하는 정치 : 《맹자孟子》《공손축편公孫丑編》에 나오는 말로 위대한 제왕들은 이러한 마음이 있기에 위대한 정치를 펼칠 수 있다고 주장했다.

57 촉蜀 : 현재의 사천성과 호북성 일대. 파촉巴蜀 땅.

58 송양지인宋襄之仁 : 춘추 시대 송宋 양공襄公이 초楚와 싸울 때 "군자는 상대의 약점을 이용하지 않는 법이다"라며 초의 채비가 완전히 갖춘 상태에서 싸우다 패배했다는 고사에서 나온 말. '쓸데없는 인정이나 동정을 베풀다가 심한 꼴을 당함'을 비유하며 불필요한 동정을 의미하기도 한다.

59 당고의 금黨錮之禁 : 후한 말에 환관들이 저지른 탄압. 환관에 비판적인 관료들이 관직 추방이나 출사 금지에 처해졌다. '당고의 옥黨錮之獄' 또는 '당고의 화黨錮之禍'라고 불리기도 한다.

60 창천蒼天=한나라은 죽었으니 황천黃天이 마땅히 서야 한다 : 음양오행사상목→화→토→금→수에 근거하여, '화火, 적색'인 한나라의 운명이 다했기 때문에 다음에 오는 '토土, 황색'의 국가로 대체해야 한다는 뜻을 포함한다.

61 가평석경嘉平石經 : 유학 칠경七經을 새긴 석경으로, 후한 후기 때 낙양성 남쪽 태학의 문밖에 세웠다고 한다. 일자석경一字石經, 금자석경今字石經이라고도 부른다. 이 시대의 유학자 채옹의 휘호揮毫라고 사서에 전한다.

62 시경詩經 : 서주西周 시대의 시집으로, 공자가 유교의 경전으로 정한 책.

63 대경大鏡, 증경增鏡 : 둘 다 일본의 역사이야기로《대경》은 헤이안 시대 후기,《증경》은 남북조 시대에 성립되었다.

64 황호黃皓 : 제갈량의 사후에 유선의 총애를 받았으며, 그 사악하고 음험한 성질을 우려한 강유 같은 이들을 추방한 뒤 전횡을 휘둘러 나라의 실권을 쥐었다.

영웅에게 배우는 생존과 극복의 지혜
삼국지, 생존의 조건을 말하다

1판 1쇄 인쇄 2011년 9월 23일
1판 1쇄 발행 2011년 9월 30일

지은이 와타나베 요시히로
옮긴이 성백희

발행인 양원석
총편집인 이헌상
편집장 박정훈
책임편집 신관식
전산편집 윤석진
교정교열 한복전
영업 마케팅 임충진·최준수·주상우·김혜연·권민혁·최종문·정상미

펴낸 곳 랜덤하우스코리아(주)
주소 서울시 금천구 가산동 345-90 한라시그마밸리 20층
편집문의 02-6443-8868 **구입문의** 02-6443-8830, 8826
홈페이지 www.randombooks.co.kr
등록 2004년 1월 15일 등록 제2-3726호

ISBN 978-89-255-4339-0 03320

※ 이 책은 랜덤하우스코리아(주)가 저작권자와의 계약에 따라 발행한 것이므로
  본사의 서면 허락 없이는 어떠한 형태나 수단으로도 이 책의 내용을 이용하지 못합니다.
※ 잘못된 책은 구입하신 서점에서 바꾸어 드립니다.
※ 책값은 뒤표지에 있습니다.